LA
TRIPLE ALLIANCE

DE

DEMAIN

LA NEUTRALITÉ SUISSE

DEUXIÈME ÉDITION

PARIS

NOUVELLE LIBRAIRIE PARISIENNE

ALBERT SAVINE, ÉDITEUR

12, Rue des Pyramides, 12

LA TRIPLE ALLIANCE

DE DEMAIN

LA
TRIPLE ALLIANCE
DE DEMAIN

LA NEUTRALITÉ SUISSE

NOUVELLE LIBRAIRIE PARISIENNE

ALBERT SAVINE, ÉDITEUR

12, Rue des Pyramides, 12

1890

AUX HÉROÏQUES DÉFENSEURS DE DUPPEL

AUX SOLDATS DANOIS

MORTS EN 1864

POUR LA DÉFENSE DE LEUR PATRIE

PRÉFACE

Tandis que la France montrait aux nations émerveillées son Exposition universelle et que les étrangers s'en allaient de Paris convaincus que ce n'est pas en France qu'on prépare la guerre, l'Allemagne faisait tous ses efforts pour affermir ses alliances ou s'en créer de nouvelles, et elle travaillait avec activité à établir une seconde ligne de défense, pour parer aux éventualités même les plus fâcheuses. Cette puissance victorieuse, qui, heureuse jusqu'à ce jour, n'admettait pas l'hypothèse d'une défaite, avoue que la partie serait beaucoup plus dure qu'en 1870.

Les Allemands reconnaissent les progrès réalisés dans notre armée, et ils se déclarent impuissants à empêcher la sympathie qui grandit de jour en jour entre Russes et Français. Il n'y a pas d'alliance, en ce moment, entre les deux nations russe et française, mais il existe une communauté d'intérêts qui deviendra une alliance si les événements en font une nécessité, car les Russes comprennent maintenant mieux que jamais « qu'une France grande et forte[1] » est nécessaire à l'équilibre européen. Et, ce qui rapproche la Russie de la France, ce qui fait leur amitié naturelle, c'est leur éloignement : « Les voisins ne sont jamais des

[1] Déclaration de l'empereur de Russie, Alexandre Ier, en 1814.

amis », disait, en 1808, l'empereur de Russie à M. de Coulaincourt, notre ambassadeur à Saint-Pétersbourg.

« L'amitié des Français et des Russes a survécu à toutes les épreuves, telles que les invasions de 1812, de 1814 et de Sébastopol. Tout en conservant chacun sa vie politique propre, son régime gouvernemental traditionnel, comme la Russie, ou en cherchant à le modifier, comme le fait la France depuis cent ans, les deux peuples peuvent néanmoins marcher la main dans la main, dans la sphère de la civilisation, du commerce, de l'industrie, de la science, en s'entr'aidant, quand un motif quelconque menacera l'existence de l'un d'eux.

« Cela constitue une alliance, mais une alliance sans traité ni convention détaillée, basée sur une bonne foi, sur une confiance, réciproques. Une telle alliance est peut-être la plus solide de toutes[1]. »

Russes et Français travaillent avec activité à la défense de leurs frontières respectives ; ils s'imposent de lourdes charges militaires, mais ils n'ont aucune idée agressive. Que l'Allemagne évite de mettre en suspicion les efforts de ces deux peuples pour tenir leurs armements à hauteur de ceux de leurs voisins, et que sa mauvaise foi ne cherche pas à déplacer la responsabilité des fardeaux sous lesquels plient les puissances européennes. Si celles-ci se trouvent en ce moment dans une sorte d'attente inquiète, dans un état d'expectative armée, la faute ne doit en être attribuée ni à la France, ni à la Russie. En effet, si le

[1] Voir les articles parus, en mai 1889, dans *le Nouveau Temps*, à l'occasion du voyage du roi Humbert II à Berlin,

dénouement de la situation critique que
traverse l'Europe n'est pas arrivé en 1875,
c'est que la Russie est intervenue pour
éviter aux nations civilisées le plus grand
des malheurs, et si l'affaire Wohlgemuth[1],
qui, pendant deux mois, vient d'occuper la
presse et l'opinion, n'a pas allumé l'incendie, c'est que l'Allemagne sait les conséquences naturelles d'une nouvelle guerre,
ses conditions et ses rigueurs, et que toutes
les chances de victoire ne sont pas de son
côté.

Un autre allié naturel de la France est le
Danemark, qui est le seul peuple avec nous,
qui se souvienne et espère.

Les sympathies qui existent entre Français et Danois sont faciles à expliquer; et,
pour cela, il n'est point nécessaire de re-

---

[1] Voir plus loin : chap. II. *la Neutralité suisse.*

monter aux époques lointaines de notre histoire. Le Danemark a signé avec la France plusieurs traités d'alliance ou de commerce, sous les règnes de Louis XIV, de Louis XV et de Louis XVI. Pendant les guerres de la République et de l'Empire, cet État a toujours refusé d'entrer dans les coalitions formées contre nous. Comme la France, il a constamment défendu le droit des neutres et la liberté des mers. En 1800, il a soutenu glorieusement la lutte contre l'Angleterre pour la défense de ces principes, et les efforts de nos ennemis n'ont pu réussir à les lui faire abdiquer. En 1807, le Danemark a été odieusement puni de sa constance et de sa loyauté. En pleine paix, sans aucune déclaration de guerre préalable, la flotte anglaise est venue bombarder Copenhague, prendre la flotte, piller les arsenaux et les chantiers du Danemark. A la suite de cet attentat, qui a été si sévèrement jugé en Europe, le Danemark, pendant nos succès comme pendant nos revers, a maintenu avec une dignité incomparable son alliance avec la France.

« En 1815, alors que l'Europe entière se réjouissait de l'abaissement des Français, que toutes les capitales se couvraient d'illuminations, battaient des mains au triomphe de leurs ennemis, une seule résidence étrangère protesta contre cette joie universelle : le peuple de Copenhague brisa et mit en cendres le transparent qui représentait Wellington et Blücher s'embrassant à *la Belle-Alliance*, sur le champ de bataille de Waterloo [1].

A la chute du premier Empire, le Danemark a été puni, une seconde fois, de sa

[1] De Bourgoing, *les Guerres d'idiome et de nationalité : la pacification du Danemark.*

fidélité : il a perdu la Norvège qui fut donnée à la Suède par les traités de 1815.

Abandonnés par le gouvernement français, sous le second Empire, lorsque la Prusse et l'Autriche les dépouillèrent des duchés de Slesvig et de Holstein, les Danois étaient prêts, en 1870, à se mettre avec nous contre la Prusse : la pression anglaise et les revers de nos armées les forcèrent à rester neutres.

Enfin, le mariage du prince Valdemar, fils du roi de Danemark, Christian IX, avec la princesse Marie d'Orléans, célébré à Paris, le 20 octobre 1885, devait encore resserrer les liens déjà si étroits de cette amitié qui existe entre le Danemark et la France.

L'histoire du Danemark, qui est situé vis-à-vis de l'Allemagne et à peu près à égale distance de la France et de la Russie, permet d'appliquer à cet Etat ce que Napoléon Ier a dit de la Suède : « Le Danemark est historiquement et géographiquement l'ami de la France. » Et, si nous considérons que l'Impératrice des Russes, nos alliés éventuels, est la fille du roi Christian IX, nous nous trouvons également amenés à dire que le Danemark est le trait d'union de l'alliance franco-russe [1].

C. M. B.

Paris, le 15 novembre 1889.

---

[1] Nous ferons remarquer que le roi des Hellènes, Georges Ier, qui règne sur un peuple ami de la France, est aussi le fils du roi de Danemark, Christian IX.

Le roi des Hellènes a été l'hôte de la France pendant presque tout le mois de juillet de cette année. Arrivé à Aix-les-Bains, le 1er juillet, Georges Ier se rendit, le 21, à Paris, pour répondre à l'invitation du président de la République. Il ne garda pas l'incognito pendant toute la durée de son séjour à Paris : il reçut officiellement les membres du Gouvernement, à l'hôtel Bristol, où il était descendu. Accompagné du colonel Hadji-

Petros, son aide de camp, il dîna le 24 à l'Elysée. Le roi des Hellènes portait le grand cordon de la Légion d'honneur, et le président de la République, pour le recevoir, avait revêtu la grand'croix de l'ordre royal du Sauveur, que Georges Ier lui avait fait remettre le matin par M. Delyannis, ministre de Grèce à Paris, voulant « ainsi témoigner de sa haute estime et de sa grande sympathie pour la France dans la personne du chef de son gouvernement ». Le roi des Hellènes quitta Paris le 27 juillet.

LA TRIPLE ALLIANCE

DE DEMAIN

CHAPITRE PREMIER

L'ALLEMAGNE ET L'EUROPE ; LES ALLIÉS DE L'AL-
LEMAGNE ; LA TRIPLE ALLIANCE NATURELLE

L'extension démesurée de la Prusse est la cause de la
crise actuelle de l'Europe. — Accroissement du
budget de la guerre et état armé des puissances européennes. — Dépenses de l'Allemagne pour la guerre
et la marine depuis 1872. — L'annexion de l'Alsace-
Lorraine est la cause principale de la contagion de
s'armer à outrance dont sont épris les États européens. — La question des alliances et M. de Bismarck. — La triple alliance austro-italo-allemande
ne repose sur aucune base naturelle et solide. — La
triple alliance franco-dano-russe est naturelle. —
L'Angleterre restera neutre dans une guerre continentale.

La crise actuelle de l'Europe a été incontestablement amenée par l'extension démesurée de la Prusse, qui, après avoir vaincu

ses voisins l'un après l'autre, leur a pris à tour de rôle une partie de leur territoire.

« Cette série d'opérations chirurgicales a commencé par la nation la plus faible, le noble et intrépide Danemark. On a habitué l'Europe au spectacle démoralisant du triomphe de la violence.

« Alors on s'est tourné contre l'Autriche, que l'on a punie de son concours en lui arrachant l'Empire, et en subalternisant les Etats qui avaient commis le crime de prendre sa défense.

« En troisième lieu vint le tour de la France, châtiée de son indifférence et du manque de prévoyance de ses gouvernants[1]. »

Les agissements de la Prusse en 1864 et en 1866, la défaite de la France en 1870 ont détruit l'équilibre européen ; le développement de la Prusse qui en est résulté a amené l'accroissement énorme du budget de

[1] *Russie et France*, par un diplomate russe.

la guerre et l'état armé des puissances de l'Europe. Les succès inespérés de la Prusse ont créé pour elle la nécessité de maintenir la situation qu'elle a acquise; ils ont aussi créé la nécessité pour les autres nations européennes de faire contre poids à l'influence germanique par des préparatifs capables d'assurer leur indépendance menacée.

La *Freisinnige Zeitung* a publié au commencement de cette année le relevé de toutes les dépenses faites par l'empire allemand pour la guerre et la marine depuis 1872. Le total s'élève à 9 milliards, 456 millions de marks, ou 11 milliards 820 millions de francs. Et c'est pour l'exercice financier de 1888 à 1889 qu'on obtient la plus grosse somme, soit 843 millions de marks ou 1 milliard 53 millions [1].

Loin de vouloir diminuer ses dépenses pour la guerre, l'Allemagne a semblé vouloir

[1] Voir *le Temps* du 23 mars 1889.

mettre à profit la période pacifique de l'Exposition universelle pour continuer ses armements avec une ardeur plus grande encore que par le passé. Les travaux de défense de Metz ont repris partout à la fin d'avril et sont poussés avec la plus grande activité. Un nouveau crédit de 800.000 marks (1 million de francs) est consacré à l'achèvement de ces travaux.

Malgré l'Exposition universelle de Paris, qui est une œuvre essentiellement pacifique, malgré les grèves qui ont éclaté cette année en Allemagne, au commencement de mai, les travaux n'ont pas été un instant suspendus dans les usines, qui ont reçu des commandes du ministre de la guerre, à Spandau, à Essen même, et à Magdebourg. « Il fallait, dit *la France*[1], que plusieurs de ces commandes fussent pressées, car la maison Krupp a continué ses travaux, bien que les

[1] Voir *la France* du 26 mai 1889.

approvisionnements de charbons anglais
lui aient coûté près de 320.000 marks
(400.000 francs) par jour. » Peut-être aussi
sommes-nous menacés de voir se réaliser les
appréhensions que le chancelier allemand
témoignait dans le discours qu'il a prononcé
le 18 mai au Reichstag, au cours de la discussion de la loi sur l'assurance des ouvriers.
« Personne ne sait, a dit M. de Bismarck, si
l'année prochaine nous aurons autant de loi-
sirs qu'actuellement. »

Toutefois, la cause principale de cette contagion de s'armer à outrance dont sont épris
les États européens est l'annexion de l'Alsace-Lorraine. « L'Allemagne en faisant
cette annexion, dit *un diplomate russe*, s'est
attachée au flanc un vautour qui ronge im-
pitoyablement son empire[1]. »

Dans un article publié en novembre 1888
dans le *Schwarz-Gelb*, organe du parti

[1] *Russie et France*, ouvrage cité.

du vieil autrichien, nous lisons ce qui suit :

« La crise que traverse actuellement l'Europe ne se terminera que le jour où le traité de Prague aura été réellement mis à exécution, où l'indépendance des États du sud de l'Allemagne aura été établie sur des bases solides, et où l'Alsace-Lorraine sera retournée en possession légitime de la France. »

Une brochure due à la plume d'un Tchèque a été particulièrement remarquée en Autriche, au moment de son apparition, au mois d'avril 1889. L'écrivain tchèque déclare que « l'Allemagne menace par sa politique la liberté et la civilisation de toute l'Europe ». Selon lui, la destruction de l'Allemagne est la principale tâche que ce siècle ait à remplir dans l'intérêt de la civilisation, et l'unité de l'Allemagne ne doit pas être tolérée parce qu'elle menace tous les voisins de ce pays.

L'auteur de cette brochure termine en disant que l'annexion de l'Alsace-Lorraine a été la première cause de la décadence de l'Allemagne [1].

Enfin, cet avis général que l'Alsace-Lorraine est la cause du malaise actuel de l'Europe a trouvé son écho jusque dans le Parlement allemand. Le citoyen Liebknecht, l'éloquent député socialiste au Reichstag, dans son discours du 28 novembre 1888, se prononce contre les dépenses militaires qu'il trouve exagérées et fait la réflexion suivante au sujet de la politique extérieure de l'Allemagne :

« On s'aperçoit clairement, à l'heure qu'il est, que l'annexion de l'Alsace-Lorraine a été non seulement un crime contre la souveraineté nationale, mais en même temps une faute politique très grave. »

[1] Voir le *Neuss Wiener Tagblatt* du 13 avril 1889.

En vue du maintien de la prépondérance de l'Allemagne, la question des alliances est devenue la maîtresse question de la politique de M. de Bismarck. C'est ainsi que le chancelier allemand a formé contre la France la triple alliance austro-italo-allemande. C'est aussi dans le but de resserrer les liens de la triple alliance ou de chercher à avoir de nouveaux adhérents à cette alliance que viennent d'avoir lieu toutes ces promenades et toutes ces entrevues impériales. Mais la triple alliance ne doit pas nous inquiéter outre mesure. Dans une guerre européenne continentale l'entente austro-allemande a une valeur tout à fait secondaire pour l'Autriche, vu la supériorité des forces russes. « De toutes les armées qui se recrutent par le moyen du service personnel obligatoire, c'est l'armée autrichienne qui doit avoir le plus perdu en cohésion et en solidité, cette armée manquant nécessairement de sentiment national, vu sa composition hétéroclite[1]. »

Quant à l'Italie, nous hésitons à croire qu'elle puisse oublier que le drapeau italien, dont les couleurs viennent de la France[2], s'est couvert de gloire à côté du drapeau français, et qu'elle consente jamais à verser le sang d'une nation sœur. Toutefois, si l'affaire Wohlgemuth[3] était une suite aux dernières conventions arrêtées à Berlin entre l'Allemagne et l'Italie[4], afin de permettre à l'armée italo-allemande de prendre l'offensive de la Suisse dans la prochaine guerre contre la France, et s'il nous fallait défendre

[1] Extrait d'un article publié, au mois de juillet dernier, dans l'*Adriatico* de Venise par le général italien Clemente Corte.

[2] Les trois couleurs italiennes, vert, blanc et rouge, disposées d'une manière analogue à celles du drapeau français viennent de la France et de Napoléon Ier.

[3] Voir le chap. II, p. 273.

[4] Allusion au voyage du roi d'Italie, Humbert, à Berlin.

notre frontière à l'est et au sud-est, la tâche ne serait pas au-dessus de nos forces. La violation du territoire helvétique par les armées de la triple alliance aurait pour conséquence de rattacher à la France la Suisse, dont l'armée n'est pas à dédaigner[1].

La triple alliance austro-italo-allemande ne repose sur aucune base naturelle et solide : c'est un édifice mouvant où quelque pierre branle perpétuellement ; c'est l'œuvre artificielle de la diplomatie.

L'unification de l'Italie ne peut en effet s'accomplir qu'aux dépens de l'Autriche. On se rappelle les paroles prononcées cette année à la Chambre italienne par M. Imbriani. L'orateur revendiquait pour tout patriote italien le droit de penser toujours, malgré les alliances entre les gouvernements, au Trentin et à Trieste[2], et il attri-

[1] Voir le chap. II, p. 263.
[2] L'Allemagne ne consentirait jamais à voir Trieste

buait la cause du désarroi économique et
financier de l'Italie à l'alliance avec les puissances centrales, qui est contraire aux vrais
intérêts et à l'histoire de la Péninsule. Et,
au mois de juin dernier, un des principaux
organes du parti irrédentiste s'exprimait
ainsi : « Trente millions d'Italiens libres
n'assisteront pas, résignés, au supplice et
aux persécutions sauvages infligées à un
million de frères qui restent au pouvoir de
l'ennemie historique de l'Italie[1]. »

Les coups de fusil tirés naguère par des
matelots autrichiens contre des matelots

appartenir à l'Italie. On se rappelle que, lors de la discussion des conditions de l'alliance franco-italienne en
1866 entre M. de Bismarck et le général Govone, ce
dernier, promenant un doigt sur la carte géographique,
l'arrêta comme par hasard sur Trieste : « Non, répondit M. de Bismarck, ceci est pour l'Allemagne. »
Pressenti tout dernièrement au sujet des revendications
de Trieste par l'Italie, M. de Bismarck a opposé son
veto le plus formel.

[1] L'ennemie historique de l'Italie, c'est l'Autriche.

italiens, la propagande violente de la presse irrédentiste, les poursuites dirigées contre celle-ci, sont loin de rapprocher les deux pays.

L'Allemagne, de son côté, revendique les provinces allemandes de l'Autriche, de sorte que les deux alliées de cette dernière puissance sont également intéressées à son démembrement. Enfin, le congrès récent de Vienne et celui tenu, le 28 juillet, par les catholiques du Palatinat, à Neustadt-an-der-Hardt, où le rétablissement du pouvoir temporel du Pape a été demandé, prouvent que l'alliance contractée par l'Italie n'assure même pas l'intégrité du territoire national.

L'Italie commence à déplorer les tristes conséquences d'une politique étrangère qui compromet le maintien de la paix et trouble profondément la vie économique du pays[1].

---

[1] Voir le compte rendu de la séance du 28 décembre 1888 du parlement italien, relative à la discussion des crédits extraordinaires.

« La France » en 1887, disait le *Secolo* dans un article paru en juillet, a acheté pour 92 millions de marchandises en plus de ce que nous lui avons acheté. Au contraire, nos deux alliées, l'Allemagne et l'Autriche nous ont vendu pour 205 millions de plus qu'elles nous ont acheté. La France nous payait 92 millions et nous payons 205 millions aux Allemands. Est-ce que les Italiens n'ont pas intérêt à avoir de bons rapports avec ceux qui leur achètent le plus de denrées ?» En 1888, la diminution totale du commerce italien atteint le chiffre d'environ 600 millions. Aussi les commerçants de Milan, la première place du négoce en Italie, viennent-ils de nommer une chambre de commerce hostile à la politique économique du ministère, et d'élire un Français, M. Gondrand[1], en tête de la liste.

La *Contemporary Review* de Londres, du

[1] L'élection de Milan a eu lieu au mois de juillet

1er octobre, a publié sous ce titre : *La triple Alliance et l'Italie* un article dans lequel l'auteur[1] appelle la participation de l'Italie à la triple alliance « une gigantesque folie »; et il va jusqu'à dire que « si jamais l'Italie prend les armes pour entraver la France dans une guerre libératrice, ce sera l'un des plus graves, l'un des plus odieux scandales de l'histoire. »

Il était pourtant si facile aux deux nations française et italienne de s'entendre. Pourquoi faut-il que les paroles prophétiques de M. Thiers se soient réalisées ? « L'unité italienne réussira ou ne réussira pas, disait l'illustre homme d'Etat, dans son discours prononcé à la séance du Corps législatif, le lundi 26 février 1866 : si elle ne réussit pas, ce sera une grande confusion pour notre

dernier ; **M. Gondrand** est propriétaire d'une maison industrielle de Milan.

[1] On a attribué cet article à M. Gladstone.

politique, et si elle réussit, vous aurez fondé à côté de la France une nation de 26 millions d'hommes, qui est 'oute prête à donner la main à une nation de 40 millions d'Allemands, laquelle ne demande pas mieux que de s'unir à elle. Pour moi. je reste convaincu que l'avenir ne comprendra pas que la France ait pu se prêter à une œuvre pareille [1]. »

Cependant, si le jour où l'Europe sera en feu, nous avons à combattre l'alliance austro-italo-allemande, la soi-disant Ligue de la Paix, nous opposerons vraisemblablement à celle-ci l'alliance franco-dano-russe. Les peuples appelés à former cette union n'ont aucune raison de se jalouser : une communauté d'intérêts doit les rapprocher forcément un jour, et leur histoire démontre, comme on va le voir dans le cours de cet

[1] Voir dans le *Moniteur universel* le compte rendu de la séance du Corps législatif du 26 février 1866. (Discussion au sujet de l'adresse.)

ouvrage, qu'ils sont faits pour s'entendre et que leur alliance est naturelle. En outre, la triple alliance franco-dano-russe, grâce aux éléments qui la composent, grâce à la situation géographique de ses divers éléments, par rapport aux puissances allemande, autrichienne et italienne, présente des chances de victoire beaucoup plus grandes que la triple alliance créée par M. de Bismarck (Voir page 273.)

Situé presque en face du cœur de l'Allemagne, et à peu près à égale distance de la France et de la Russie, le Danemark se prêterait admirablement aux combinaisons stratégiques des forces franco-russes alliées dans une guerre européenne. Copenhague, que l'on fortifie en ce moment, serait non seulement un puissant boulevard du Danemark, mais il pourrait aussi devenir une forte base d'opérations pour notre flotte unie à celle des Danois.

Nous ne parlerons pas de la Turquie dans cet exposé sommaire de la situation européenne. Plusieurs fois le bruit a circulé que cette puissance était décidée à prendre rang dans la triple alliance. Mais ces nouvelles ont été bientôt démenties; la neutralité offre trop d'avantages aux Turcs pour qu'ils se déterminent à y renoncer. Aussi, le voyage de Guillaume II à Constantinople ne devait-il amener aucun changement dans la politique turque.

Il reste à voir quelle sera l'attitude de l'Angleterre dans le prochain conflit européen. L'Angleterre ne peut entrer dans la triple alliance : elle doit rester neutre. Si la Grande-Bretagne accédait à la triple alliance, « elle accélérerait le triomphe d'un État beaucoup plus redoutable que ne le sera de longtemps la Russie, et elle compléterait un empire qui, tout moderne qu'il soit, lui fait déjà une dangereuse concurrence, et qui, s'il ambitionne la Champagne, est encore plus désireux de posséder Anvers et la Belgique [1]. »

Malgré les bruits répandus par les organes de la triple alliance, au sujet de la visite que l'empereur Guillaume II a faite au commencement d'août à la cour d'Angleterre, nous persistons à croire que l'Angleterre n'est pas liée par des engagements avec l'Allemagne, et nous estimons que le cabinet de Saint-James a été sincère dans les éclaircissements qu'il a fournis, le 19 août, à la Chambre des communes, sur les prétendus arrangements concertés au château d'Osborne entre lord Salisbury et le comte Herbert de Bismarck. D'un autre côté, nous sommes convaincus que le peuple anglais a beaucoup trop de bon sens pour se laisser entraîner dans les querelles du continent.

L'Angleterre n'a pas à craindre un mou-

[1] *Russie et France*, ouvrage cité.

vement de la Russie en Asie centrale. Le gouvernement russe a fait preuve d'une extrême conciliation au moment si critique du différend relatif à l'Afghanistan ; il ne cherchera pas de nouvelles difficultés pour avoir sur les bras un conflit en Asie à l'heure où peut éclater une conflagration générale en Europe.

La Russie, comme la France, est sur le qui-vive : elle n'ignore point que la *triple alliance* a été faite aussi contre elle ; elle sait que, si M. de Bismarck venait même à lui donner satisfaction dans les Balkans, elle a tout à redouter de la politique allemande, qui est pleine de duplicité, contrairement à la politique franche et loyale de la France.

2.

DANEMARK ET FRANCE

DANEMARK ET FRANCE

CHAPITRE I

DANEMARK ET FRANCE : DEPUIS LE RÈGNE DE LOUIS XIV (1643), JUSQU'A LA RÉVOLUTION FRANÇAISE DE 1789

1643-1789

Les Danois; éloge du peuple danois par M. Thiers. — Rapports diplomatiques et commerciaux du Danemark avec la France sous les règnes de Louis XIV (1643-1715), de Louis XV (1715-1774) et de Louis XVI, jusqu'à la Révolution française de 1789.

Le Danemark, cet ancien allié, qui eut tant à souffrir de sa fidélité à la France, lors de nos désastres « est un de ces petits peuples qu'on pourrait comparer à ces hommes dont Saint-Lambert disait qu'ils avaient le tempérament vertueux, un de ces petits peuples qui, en défendant leur bien vaillamment, n'ont jamais songé à usurper celui du voisin, qui ont été toujours extrêmement jaloux de leur indépendance. Soldats et marins à la fois, les Danois ont mis leur intérêt dans l'intérêt le plus européen, celui de la liberté des mers ; et, on ne peut demander mieux aux nations comme aux hommes, que de bien placer leur intérêt, car on ne peut pas leur demander d'y renoncer.

« Les Danois, pour cette liberté des mers, ont soutenu au commencement de ce siècle l'une des plus belles, des plus généreuses et des plus mémorables controverses qu'on ait jamais soutenues, controverse qui a immortalisé le nom de M. de Bernstorf[1]. Ils ne se sont pas bornés à soutenir une controverse : en 1807, tandis que retentissait à toutes les oreilles le canon d'Austerlitz,

[1] Ministre danois.

d'Iéna, de Friedland, ils faisaient entendre à l'Europe émue le canon de Copenhague, en livrant une bataille héroïque contre le formidable Nelson, pour le grand intérêt de la liberté des mers.

« Aussi, l'Europe reconnaissante a-t-elle voulu à toutes les époques leur maintenir cette garde du Sund, dont ils n'avaient cessé d'être les portiers désintéressés et fidèles [1]. »

Les relations avec les Danois, ce peuple sage, modeste, laborieux et les pays de l'Ouest datent des temps les plus reculés de notre histoire. Elles étaient assez fréquentes au xii° siècle, c'est ainsi que des moines français vinrent à cette époque sous la conduite de l'abbé Guillaume, apporter en Danemark plusieurs plantes potagères jusqu'alors inconnues. Nous voyons également les

[1] Extrait du *Discours de M. Thiers*, prononcé à la séance du Corps législatif, le 3 mai 1866.

jeunes Danois se rendre à Paris pour y fréquenter cette école de la Montagne Sainte-Geneviève où se pressait la jeunesse studieuse de l'Europe occidentale[1].

A une époque beaucoup plus récente, l'amitié du Danemark fut recherchée par les souverains de la France, et le grand roi, Louis XIV, en fit un de ses fidèles alliés. Sous la régence de Mazarin (1643-1661), la France intervint à plusieurs reprises dans les affaires du Danemark et de Suède et servit de médiatrice à ces deux puissances. La paix, signée le 13 août 1645, entre les cabinets de Copenhague et de Stockholm, fut suivie d'un traité de commerce et de navigation entre le Danemark et la France (25 novembre 1645). A la mort de Mazarin, un traité d'alliance défensive, conclu en août 1663, avec le roi de Danemark, fut

[1] Voir : *Danemark*, par C. Lamarre et Berendzen.

un des premiers actes de la politique étrangère de Louis XIV.

Pendant la *guerre de Hollande*, il y eut un
refroidissement entre les cabinets de Paris
et de Copenhague parce que les Danois
étaient entrés en lutte contre les Suédois
nos alliés[1], mais le roi de Danemark ne
suivit pas les puissances européennes dans
le vaste mouvement diplomatique, qui s'o-
péra contre la France après le traité de
Nimègue et qui finit par amener la guerre
de la *ligue d'Augsbourg*. Le Danemark
avait un traité secret avec Louis XIV, qui
lui accordait un subside et qui avait promis
de soutenir plusieurs prétentions du monarque danois et de le défendre au besoin
contre la Suède et la Hollande.

A l'époque où Louis XIV persécutait si
cruellement les protestants, les calvinistes

[1] C., F. Allen. *Histoire de Danemark*, traduction de
E. Beauvois.

émigrèrent en masse et cherchèrent un refuge dans les pays étrangers, notamment
en Danemark. Cet État accueillit les réfugiés français et leur fit distribuer des secours
à leur débarquement. Malheureusement,
plusieurs évêques (entre autres l'évêque de
Séeland, Bagger) adressèrent au roi de Danemark « d'amples représentations où ils
montraient le danger qu'il y avait pour la
pureté de la doctrine luthérienne à admettre
ces hérétiques dans le pays et où ils dépei-
gnaient en même temps les réformés comme
des citoyens peu fidèles et turbulents, disposés à résister au roi comme ils résistaient
à Dieu ». Le Danemark se montra intolé-
rant et refusa de recevoir désormais les
réformés français. Et, dans l'intérêt de la
cause protestante, il consentit à fournir
7,000 hommes à Guillaume III, roi d'Angleterre (15 août 1689), qui était l'âme de la
guerre de 1688 ; mais il ne voulut pas rom-

pre directement avec la France. Il nous fournit même des matériaux et nous construisit des bâtiments, lorsque ap rès le désastre de la Hougue, en 1692, Louis XIV remit sa flotte en état de tenir tête à ses adversaires.

L'année suivante (1693), Louis XIV, voyant que la France était lasse de la guerre, donna la main au Danemark et à la Suède, qui intervinrent en notre nom et dans nos puissants intérêts. Le grand Roi avait répugnance à faire directement les premières avances pour la cessation des hostilités. Malheureusement les bons offices des puissances médiatrices ne furent pas couronnés de succès, et cette vaste guerre dans laquelle la France lutta seule presque contre toute l'Europe ne prit fin qu'en 1697.

Le traité de Ryswick (1697) et celui de

Carlowitz (1699) promettaient un long repos aux peuples épuisés ; ils ne devaient être qu'une trêve. Trois ans à peine après Ryswick, un an seulement après Carlowitz, éclatèrent à l'occident et l'orient deux guerres terribles qui mirent à feu et à sang tout le continent européen. A l'occident, ce fut la *succession d'Espagne* que l'on se disputa : la France, l'Angleterre, l'Autriche, tous les princes de l'Empire et d'Italie, sans compter la Hollande, prirent part à cette lutte de 13 ans. En orient, le Danemark, le Brandebourg, la Pologne, la Turquie jouèrent un rôle plus ou moins considérable dans le duel de géants engagé entre Charles XII et Pierre le Grand. La diplomatie française parvint à rétablir la paix entre la Suède d'une part, l'Angleterre, la Prusse et le Danemark d'autre part. La France et l'Angleterre garantirent le duché de Slesvig à la couronne de

Danemark par le traité du 14 juin 1720[1].

Déjà nous sommes sous la régence de Philippe d'Orléans : Louis XV est roi de France depuis cinq ans. Pendant la minorité de Louis XV, sous les ministères du duc de Bourbon (1723-1726) et de Fleury (1726-1743) les relations des cabinets de Copenhague et de Paris furent des plus conciliantes ; et, « dans cette grande question de la Pologne », le Danemark resta neutre malgré les engagements secrets qu'il avait pris en 1732 avec l'Autriche et la Russie. Un moment à la solde de l'Angleterre, lorsque la guerre de la *succession d'Autriche* éclata, les Danois se rapprochèrent bientôt de la France. « Sa Majesté

[1] Le roi de Danemark, Frédéric IV, par des lettres patentes du 22 août 1721, annexa l'ancienne partie ducale du Slesvig et enjoignit aux habitants de lui jurer obéissance. — Voir, dans le chapitre III, les droits du Danemark sur les duchés de Slesvig et de Holstein.

Très Chrétienne et Sa Majesté le Roi de Danemark, voulant resserrer de plus en plus les nœuds de leur union mutuelle et en faire sentir les effets à leurs sujets trafiquants et commerçants dans leurs Etats, conclurent un traité d'alliance, le 15 mars 1742, et signèrent un traité de commerce, le 18 juillet 1742 [1].

Après le traité d'Aix-la-Chapelle (1748), « l'Europe ressemblait à une grande famille réunie après ses différends [2] ». L'Angleterre seule, qui ne voyait dans la paix qu'une halte pour reprendre des forces et se préparer à de nouvelles entreprises, était en lutte de fait avec la France dans l'Amérique du Nord et dans l'Hindoustan. En 1756 les pirateries commises par les Anglais amenèrent une rupture entre les cabinets de Paris et de Londres. Une nou-

[1] Martens. *Recueil des traités de paix.*
[2] Voltaire, *Le Siècle de Louis XIV.*

velle guerre commença, et cette lutte que la France espérait pouvoir empêcher sur le continent, s'étendit bientôt sur une grande partie de l'Europe, grâce à l'opiniâtre Marie-Thérèse, la souveraine d'Autriche, « qui ne pouvait retenir ses larmes à la vue d'un Silésien. » Pendant cette guerre, dite de *Sept ans* (1756-63), qui moissonna jusqu'à un million d'hommes et entassa en Allemagne presqu'autant de ruines que la guerre de Trente ans, la France obtint la neutralité du Danemark. Au milieu de cette campagne, le comte de Saint-Germain, un des rares généraux, qui dans cette lutte aient soutenu avec Chevert l'honneur des armes françaises, avait quitté l'armée française à cause de quelques griefs, exagérés par son imagination ardente. Il avait passé au service du Danemark, réorganisé l'armée danoise sur un plan nouveau, puis abandonné ce pays pour se fixer en Alsace, après la catastrophe de son infortuné protecteur Struensée [1].

Sous Louis XVI, à l'occasion de la *guerre d'Amérique*, l'Angleterre songea à faire naître un conflit en Europe ; mais la diplomatie britannique ne fut pas heureuse. Le Danemark accepta un des premiers le plan de *neutralité armée* proposé par l'impératrice de Russie, Catherine II, auquel accédèrent la plupart des puissances européennes (1780). Aussi Louis XVI put-il signer, à Versailles, le traité de 1783 qui, s'il n'effaçait pas complètement la honte de celui de Paris, de 1763, lui avait du moins permis d'accomplir une grande œuvre : la France venait d'aider un peuple nouveau à monter au rang des nations ; elle avait obtenu l'indépendance des Etats-Unis.

[1] Le comte de Saint-Germain fut ministre de la guerre sous le règne de Louis XVI, du 27 octobre 1775 au 25 septembre 1777. Il avait été nommé lieutenant général en 1748.

CHAPITRE II

DANEMARK ET FRANCE : PENDANT LA RÉVOLUTION
ET LA PREMIÈRE RÉPUBLIQUE ; SOUS LE PREMIER
EMPIRE, JUSQU'AUX TRAITÉS DE 1815.

(1789-1815)

§ 1.

Neutralité du Danemark pendant la Révolution et
sous le Directoire (1789-1799). — Despotisme maritime de l'Angleterre. — Le Danemark entre dans la
ligue des neutres (décembre 1800), vengeance des
Anglais : bataille de Copenhague, 2 avril 1801.

Dans la première période de la Révolution,
en 1789, et pendant la plus grande partie de
1790, la France, abandonnée à sa crise
intérieure, vécut dans l'effacement au milieu

3.

de l'Europe indifférente. Au printemps de
1791, rien ne semblait plus improbable
qu'une coalition contre la France. Mais la
déclaration de Pilnitz (27 août 1791), par
laquelle les puissances étrangères annon-
çaient leur intervention dans nos affaires
intérieures, devait bientôt amener la guerre.
Au manifeste du duc de Brunswick (25 juillet 1792) qui déclarait que les armées étrangères entraient en France pour châtier la
Révolution, les armées de la Révolution
avaient répondu en battant l'ennemi à Valmy
et en le chassant de notre territoire.

Fidèle à ses traditions, le Danemark sut
garder sa neutralité sous la sage direction
du ministre des affaires étrangères, André
Pierre Bernstorf. Il resta étranger à ces
événements qui ensanglantèrent la vieille
Europe et ne se laissa point ébranler par les
brillantes promesses des autres puissances
et par leurs vives excitations à prendre part

à la coalition, qui se forma contre la France,
après la mort de Louis XVI (1793-1797).

Le Directoire cependant se montra un peu
sévère à l'égard des bâtiments danois qui
ne faisaient pas respecter en eux les droits
de la neutralité maritime et se laissaient
visiter par les Anglais : il arrêta dans les
ports de France un grand nombre de navires
marchands appartenant aux Danois. Bonaparte, devenu Premier Consul après le
18 brumaire [1], les fit relâcher tous (décembre 1799), répondant ainsi par une
mesure d'une équité bienveillante au re-
proche, alors fort répandu dans les cours de
l'Europe, que l'on faisait à la République
française de violer sans cesse le droit des
gens ou les traités conclus avec elle [2].

Sous le Consulat, le Danemark entra
dans la *ligue des neutres*, à la tête de laquelle

[1] 9 novembre 1799.

[2] Thiers. *Histoire du Consulat et de l'Empire*.

s'était mis l'empereur de Russie, Paul Ier; mais la despotique Albion se vengea d'une façon terrible sur cet État qui sauvegardait loyalement ses intérêts maritimes.

Une nouvelle coalition s'était formée contre la France (mars 1799). Bonaparte adressa à l'Europe de vives instances pour obtenir la paix. L'Angleterre ayant répondu par un refus, il ne restait au Premier Consul qu'à faire la guerre. Les fautes des Anglais et les excès commis par leurs navires allaient bientôt procurer à la France, sinon des alliances, du moins la neutralité bienveillante des États du Nord, ce qui devait seconder Bonaparte dans l'accomplissement de ses desseins contre son implacable ennemie.

Les voies de fait et les violences de la flotte anglaise envers la frégate suédoise la *Troya* (4 juillet 1798), les frégates danoises la *Haufersen* (décembre (1799)[1], et la *Freia* (25 juillet 1800)[2], donnèrent lieu à de vives explications. L'Angleterre persista. Le Danemark et la Suède annoncèrent hautement l'intention de soutenir leurs droits par les armes. Le gouvernement britannique envoya alors à Copenhague un négociateur, lord Withworth, qu'il fit suivre d'une flotte,

[1] Au mois de décembre 1799, la frégate danoise, la *Haufersen*, capitaine Van-Dockum, qui convoyait une flottille de bâtiments marchands dans la Méditerranée, fut arrêtée par l'escadre anglaise de l'amiral Kleith et conduite à Gibraltar malgré sa résistance.

[2] Le 25 juillet 1800, une division anglaise ayant rencontré la frégate danoise, la *Freia*, qui escortait un convoi de sa nation, voulut exercer le droit de visite. Le commandant de la *Freia*, capitaine Krabe, résista énergiquement aux sommations et aux violences des Anglais. Il ne se rendit que lorsque sa frégate fut criblée par les vaisseaux de guerre qui lui étaient opposés. La *Freia* fut amenée avec le convoi aux Dunes, où on la fit mouiller à côté du vaisseau amiral. Les Anglais firent hisser à bord de la *Freia*, le pavillon danois, et y mirent une garde de soldats anglais sans armes. — Voir : Thiers, auteur cité ; *les Mémoires de Napoléon*, t. III ; *Le Consulat et l'Empire*, par C. Thibaudeau.)

composée de 25 navires, commandée par l'amiral Dickson. La flotte anglaise se présenta brusquement devant Copenhague. Les Etats du Nord n'étaient pas préparés à se défendre. Le Danemark, surpris, signa une convention dictée par lord Withworth (29 août 1800) : il renonçait à faire escorter militairement ses convois.

Aussitôt que l'empereur de Russie, Paul Ier, qui s'était retiré de la coalition contre la France, fut informé qu'une flotte anglaise était entrée dans la Baltique, avec des intentions hostiles, il fit mettre le séquestre sur les capitaux appartenant aux Anglais en Russie. Sur ces entrefaites, Malte se rendit aux Anglais. L'empereur Paul Ier réclama ce qu'il appelait son droit sur Malte.

L'Angleterre refusa de livrer cette île. Paul Ier mit l'embargo sur les vaisseaux anglais dans les ports russes et proposa au Danemark, à la Suède et à la Prusse le renouvellement de la *ligue des neutres* de 1780. Ces trois États signèrent la déclaration de Saint-Pétersbourg (26-28 décembre 1800), par laquelle ils s'engageaient à maintenir, même par les armes, le principe du droit des neutres. Le Danemark se saisit des ports de Hambourg et de Lubeck, tandis que la Prusse occupait militairement le Hanovre[1].

Les puissances du Nord, unies contre l'Angleterre, travaillaient avec activité à l'armement de leurs vaisseaux ; l'Angleterre ne leur donna pas le temps d'achever leur œuvre. Elle prépara une campagne audacieuse dans la Baltique, et résolut de frapper d'abord le Danemark.

Une flotte anglaise de 51 voiles, commandée par les amiraux Parker et Nelson, sortit de Yarmouth, le 12 mars 1801, fit

[1] Le Danemark avait signé, dès le 16 décembre, une convention de neutralité maritime avec la Russie.

voile vers la Baltique et pénétra dans le Sund ; bien qu'exposée au feu violent de la forteresse de Kronborg, elle réussit à passer devant ses batteries sans être endommagée, parce qu'elle rasa de près la côte suédoise, où aucun préparatif n'avait été fait pour résister à l'ennemi [1].

Les vaisseaux russes et suédois, encore retenus par les glaces, ne pouvaient aller au secours des Danois, qui se trouvèrent ainsi réduits à leurs propres forces.

La flotte britannique parut devant Copenhague ; elle somma le Gouvernement danois de renoncer à la ligue des neutres et d'ouvrir ses ports aux Anglais. Le prince royal

[1] Le motif de cette omission était la méfiance mutuelle des gouvernements danois et suédois. Le prince de la couronne, Frédéric, aurait vu d'un mauvais œil que l'on élevât des fortifications sur le littoral suédois du Sund, et l'on dit qu'à cette occasion, Gustave IV aurait manifesté des prétentions à une part dans la douane du Sund. (C.-F. Allen, auteur cité.)

de Danemark, alors régent du royaume[1], refusa de sacrifier lâchement les droits de sa marine à la tyrannie des Anglais et déclara qu'il repousserait énergiquement la force par la force.

La principale défense de Copenhague consistait en une ligne de vaisseaux rasés, transformés en batteries flottantes, qui couvrait le port et la ville et s'appuyait d'un côté au fort des Trois-Couronnes armé de 70 pièces de canon du plus gros calibre, et de l'autre aux batteries de l'île d'Amack. La brave population de Copenhague était tout entière sous les armes. Nelson, avec douze vaisseaux, manœuvra de façon à prendre à revers la ligne danoise. Trois de ses vaisseaux échouèrent sur un banc.

Le jeudi saint, 2 avril 1801, commença une lutte effroyable. Les Anglais attaquèrent

[1] Ce prince devint, en 1808, roi de Danemark, sous le titre de Frédéric VI.

avec 12 vaisseaux de ligne, 7 frégates et 19 moindres bâtiments, avec 1,200 canons et un équipage d'environ 9,000 hommes. Les marins danois, au nombre de 5,000 seulement, « se battirent avec la bravoure héréditaire et, sous le commandement d'*Olfert Fischer*, ils maintinrent leur ancienne gloire maritime contre Nelson, le favori de la victoire, et contre ses forces supérieures. Son vaisseau amiral fut fort maltraité, et à la fin il ne tirait qu'avec quelques canons. Olfert Fischer, de son côté, qui était monté sur le *Dannebrog*, le quitta, lorsqu'il eut pris feu au milieu de la bataille, et se rendit à bord du *Holstein*; puis, lorsque celui-ci eut été à son tour criblé de boulets et mis hors de service, le commandant danois, quoique blessé, se transporta à la batterie de Tre Kroner (Trois-Couronnes) pour continuer à donner des ordres. L'équipage du *Dannebrog*, commandé par Braun et ensuite par Lemming, continua à se battre au milieu des flammes, et c'est seulement lorsque le tiers des hommes eurent été tués ou blessés, et que tous les canons, à l'exception de trois, furent endommagés, que le navire en feu fut abandonné à l'ennemi [1]. »

Les Danois avaient 630 bouches à feu en batterie, et, malgré leur infériorité numérique, ils causèrent aux Anglais un dommage considérable et firent échouer complètement une tentative de leurs frégates qui cherchaient à opérer un débarquement et à emporter d'assaut la batterie des Trois-Couronnes. Plusieurs navires de Nelson avaient échoué ; trois de ses plus puissants vaisseaux de ligne allaient à la dérive devant Tre Kroner et l'un d'eux s'ensablait même devant cette batterie. Lorsque la bataille eut duré trois heures,

[1] C. F. Allen, auteur cité.

Parker fit le signal de la retraite. Avant de prendre ce parti, Nelson envoya un parlementaire au prince de Danemark. Le prince, qui n'était pas bien informé des incidents de la bataille et qui craignait un bombardement pour la capitale, consentit à suspendre le feu. Ce fut une faute, car, encore quelques instants, et la flotte anglaise, presque mise hors de combat, était obligée de se retirer à moitié détruite [1].

Les Danois refusèrent d'abandonner la *Ligue des neutres* et consentirent seulement à signer un armistice de quatorze semaines. Une terrible nouvelle avait décidé le prince de Danemark à subir cette convention. L'empereur de Russie, Paul Ier, avait été

[1] Nelson avoua qu'il n'avait rien vu de plus terrible que le combat de Copenhague. Les Anglais avaient 1.200 hommes morts ou blessés et 6 vaisseaux ravagés. Les pertes des Danois n'étaient pas de beaucoup supérieures.

assassiné dans son palais, dans la nuit du 23 au 24 mars.

Le Premier Consul dépêcha à Copenhague son aide de camp Lauriston, pour raffermir la confiance. Lauriston reçut le meilleur accueil de la part du prince royal. Le nom anglais était en exécration à Copenhague [1]. On s'exerçait de toutes parts au maniement des armes ; tout Danois était soldat. Mais la cause commune ne devait rien espérer de cet élan national. La mort de l'empereur Paul Ier mit fin à la ligue des puissances neutres qui s'étaient unies deux fois en vingt ans, en 1780 et en 1800, pour réprimer et faire cesser le despotisme maritime de l'Angleterre.

[1] Un monument fut élevé à la mémoire des braves soldats qui avaient succombé dans la journée du 2 avril. Ce monument fut terminé et inauguré en 1804.

§ II.

Les Danois, qui avaient été si durement
traités par les Anglais en 1801, observèrent
la neutralité jusqu'en 1807. Ils inclinaient
de cœur vers la cause des Français, mais ils
n'osaient se prononcer. Napoléon, après
Tilsitt, résolut de tirer sur-le-champ les
conséquences de l'alliance qu'il venait de

conclure avec la Russie [1]. Il chargea M. de Talleyrand d'écrire une lettre amicale et pressante au cabinet de Copenhague pour lui faire sentir que le moment était venu de prendre un parti.

Le ministère anglais voulut prévenir Napoléon et lui enlever les ressources maritimes du Danemark. Il rejeta la médiation de l'empereur de Russie, Alexandre Ier, et décida « cette entreprise odieuse qui a long-temps retenti dans le monde comme un attentat envers l'humanité [2] ».

Une flotte, composée de vingt-trois vaisseaux de ligne, trente et une frégates ou corvettes, quatre cents soixante bâtiments de transport, commandée par l'amiral Gambier et qui avait à son bord environ 30,000 hommes sous les ordres du lieutenant général

[1] Voir la deuxième partie de cet ouvrage : *Russie et France*.

[2] Thiers, auteur cité.

Cathcart, partit des dunes d'Angleterre, vers la fin de juillet 1807, et franchit le Sund, le 3 août.

La flotte anglaise jeta l'ancre dans la rade d'Elseneur et dépêcha à Copenhague un agent anglais, M. Jackson, pour adresser une sommation au prince royal de Danemark, qui était, comme nous l'avons dit, régent du royaume. Le prince était à Kiel, car presque toutes les troupes danoises avaient été envoyées sur la frontière du Holstein, pour faire respecter la neutralité du territoire continental du Danemark, pendant la guerre de la France et de la Prusse. M. Jackson se rendit à Kiel, où il arriva le 6 août. Introduit auprès du prince régent, il donna comme raison d'agir la nécessité où se trouvait le cabinet britannique de prendre ses précautions pour que les forces navales du Danemark et le passage du Sund ne fussent pas au pouvoir des Français. En conséquence, il demanda qu'on livrât à l'armée anglaise la forteresse de Kronborg qui commande le Sund, le port de Copenhague et enfin la flotte elle-même, promettant de garder le tout en dépôt pour le compte du Danemark qui serait remis en possession de ce qu'on allait lui enlever, lorsque le danger serait passé. M. Jackson assura que le Danemark ne perdrait rien, qu'il trouverait chez les Anglais des auxiliaires et des amis, et que les troupes britanniques payeraient tout ce qu'elles consommeraient.

— « Et avec quoi, répondit le prince danois indigné, payeriez-vous notre honneur perdu, si nous adhérions à cette infâme proposition! » Le prince continuant et opposant à cette perfide agression la conduite loyale du Danemark, qui n'avait pris aucune précaution contre les Anglais, qui les avaient toutes prises contre les Français, ce dont on abusait pour le surprendre, M. Jackson répondit à cette juste indignation avec une insolente familiarité, disant que la guerre était la guerre, qu'il fallait se résigner à ses nécessités et céder au plus fort quand on a été le plus faible. Le prince congédia l'agent anglais avec des paroles fort dures et lui déclara qu'il allait se transporter à Copenhague pour y remplir ses devoirs de prince et de citoyen danois. Il se rendit en effet dans la capitale et adressa un appel patriotique à la population, qui le reçut avec enthousiame.

Les Danois se levèrent en masse. On éleva à la hâte des travaux de fortification, mais on ne put empêcher l'armée anglaise de débarquer le 16 août à Vedbek, à 17 kilomètres au nord de Copenhague et d'établir des batteries incendiaires à portée de la ville, tandis que la flotte britannique s'approchait du côté de la mer.

Le 1er septembre 1807, le lieutenant général Cathcart ayant en batterie 68 bouches

à feu, dont 48 mortiers et obusiers, somma
dans un langage dont la feinte humanité ne
pouvait tromper personne, le général
Peymann, qui commandait à Copenhague,
de lui livrer le port, l'arsenal et la flotte. Il
menaça, si on refusait, d'incendier la ville
et ajouta à sa sommation de vives instances
pour qu'on le dispensât d'employer des
moyens qui répugnaient, disait-il, à son
cœur. Le général Peymann répondit qu'il
continuerait à faire son devoir.

Le 2 septembre au soir, une pluie épou-
vantable d'obus, de bombes, de fusées *à la
Congrève*[1], tomba sur la malheureuse capitale du Danemark. Le feu de l'artillerie
anglaise continua jusqu'au 3 dans l'après-

[1] Les Anglais comptaient beaucoup, pour le succès
de leur lâche entreprise, sur leur grosse artillerie qu'ils
avaient transportée sur leurs vaisseaux. Le colonel
Congrève devait du reste faire, pour la première fois,
l'essai de ses formidables fusées, et c'était sur la ville
de Copenhague qu'elles allaient être expérimentées.

midi ; le lieutenant général Cathcart ne l'avait fait cesser que pour voir si la place se rendrait.

L'incendie s'était déclaré dans divers quartiers de Copenhague ; la population valide, employée à verser les eaux de la Baltique sur les quartiers incendiés, était exténuée de fatigues. Le général Peymann, le cœur déchiré par ce spectacle, gardait un morne silence, attendant pour se rendre que l'humanité fît taire l'honneur. Insensibles à tant de maux, les Anglais recommencèrent le bombardement par terre et par mer et ne le cessèrent que le 5 à onze heures du matin. Six cents maisons étaient incendiées, le service des pompes ne pouvait plus suffire pour éteindre les flammes : la ville était menacée d'une entière destruction. Le général Peymann livra Copenhague à ces barbares conquérants.

La capitulation, signée le 7 septembre,

accordait aux Anglais la forteresse de Frederikshavn, la ville de Copenhague et l'arsenal, avec faculté de les occuper pendant six semaines, temps jugé nécessaire pour équiper la flotte danoise et l'emmener en Angleterre. Cette flotte était livrée à l'amiral Gambier, sous condition de la restituer à la paix ; elle se composait de 18 vaisseaux de ligne, de 17 frégates, de 8 bricks et de 25 chaloupes canonnières[1].

Les Anglais entrèrent à Copenhague ; ils se précipitèrent dans les chantiers et les arsenaux, prirent jusqu'aux outils et détruisirent ce qu'ils ne purent enlever.

La conduite de l'Angleterre envers le

[1] Le prince de Danemark, après avoir pris les dispositions nécessaires pour la défense de Copenhague, avait confié au général Peymann le pouvoir civil et militaire et était allé sur le continent pour ramener ses troupes contre les Anglais. Un messager du prince, qui apportait l'ordre de brûler plutôt la flotte s'il le fallait que de la livrer à l'ennemi, avait été malheureusement fait prisonnier par les Anglais.

Danemark causa une indignation générale en Europe. « Il n'y avait pas, dit M. Thiers, de nation plus estimée que la nation danoise… elle était, comme les Suisses, comme les Hollandais, l'une de ces nations qui rachètent la faiblesse numérique par la force morale, et savent conquérir le respect universel [1]. »

L'empereur de Russie se montra fort irrité en apprenant l'expédition des Anglais à Copenhague. Il déclara rompre toute communication avec l'Angleterre, jusqu'à ce que satisfaction eût été donnée au Danemark ; il proclama de nouveau le principe de la neutralité armée et fit exécuter les décrets du *système continental* avec la plus grande rigueur (26 octobre 1807).

Le gouvernement danois fit arrêter tous les sujets anglais, confisqua leurs propriétés,

[1] Thiers, auteur cité. — C. Thibaudeau, auteur cité.

interdit toute communication avec l'Angleterre et conclut avec la France, à Fontainebleau, le 30 octobre 1807, un traité d'alliance qui ne fut rompu que par la chute de Napoléon.

« Le Danemark nous fournit 3,000 marins excellents pour la flotte d'Anvers. Il demeura fidèle aux lois du *blocus continental* autant qu'on pouvait l'attendre d'un État allié défendant la cause d'autrui... La probité naturelle du gouvernement et du pays, le souvenir du désastre de Copenhague, la haine contre les Anglais, le courage du prince régent, tout concourait à faire du Danemark l'allié le plus fidèle de la France[1]. »

Aussi, lorsque Bernadotte fut désigné comme successeur au trône de Suède (17 août 1810), Napoléon rougit-il d'indignation et de mépris, en recevant la demande que lui fit le nouveau prince royal

[1] Thiers, auteur cité.

de lui livrer la Norvège pour dédommager
la Suède de la perte de la Finlande, qui avait
été cédée à la Russie. Napoléon refusa de
dépouiller son plus fidèle allié, le Danemark,
et adressa à son ministre des affaires étrangères « l'une des plus belles lettres et des
plus honorables qu'il ait écrites de sa vie ».

En 1813, après la désastreuse campagne
de Russie, le Danemark fut vivement sollicité par cette puissance et par l'Angleterre
d'abandonner la Norvège à la Suède, avec
promesse de l'indemniser aux dépens de la
France s'il cédait, et avec menace, s'il résistait, de voir abattre la monarchie danoise.
De son côté, l'Autriche lui avait promis la
conservation de la Norvège, s'il adhérait à
sa politique médiatrice. Le roi de Danemark,
fort embarrassé, demanda loyalement à Napoléon l'autorisation de traiter pour son
compte afin d'échapper au danger qui le
menaçait. Napoléon, touché de la franchise

de son allié, releva le Danemark des engagements qu'il avait contractés par le traité du 30 octobre 1807 et renvoya les matelots danois qui servaient sur la flotte française.

Des conférences ouvertes à Copenhague amenèrent alors la neutralité du Danemark. Mais ce n'était pas assez pour les puissances alliées : elles exigèrent bientôt qu'il déclarât la guerre à la France, et qu'il renonçât à la Norvège moyennant une indemnité éventuelle. Cela coûtait trop à la loyauté du Danemark ; les exigences de la coalition le révoltèrent. Le roi Frédéric VI retira ses troupes de Hambourg et un général danois vint à Harbourg mettre la division du général Schuttenbourg à la disposition du prince d'Eckmühl. L'armée française put alors commencer le bombardement de Hambourg et rentrer dans cette ville (29 mai). Napoléon y fit faire de grands travaux pour assurer la défense de cette position importante, et le fort de Glückstadt, situé à l'embouchure de l'Elbe, fut confié à la garde de troupes danoises redevenues nos alliées. Un traité d'alliance offensive et défensive fut conclu entre la France et le Danemark, le 10 juillet 1813. Le Danemark s'engageait à déclarer la guerre à la Russie, à la Prusse, à la Suède, au moment de la reprise des hostilités [1], comme la France à déclarer la guerre à la Suède, à fournir 10.000 hommes d'infanterie, 2.500 cavaliers, 40 pièces de canon, pour être employés jusqu'à la Vistule, 20 canonnières pour la défense de l'Elbe. Le Danemark devait en outre livrer 10,000 chevaux à condition qu'ils seraient payés comptant, approvisionner et armer Glückstadt, pour soutenir un blocus de six mois et un siège proportionné à sa force. Napoléon s'engageait à joindre aux troupes

[1] Les hostilités avaient été suspendues par l'armistice de Pleiswitz (4 juin 1813).

danoises un corps de 20.000 hommes. Le Danemark s'était définitivement rattaché à la France; il devait succomber avec elle[1].

La bataille de Leipzig (18 et 19 octobre 1813) refoula Napoléon sur le territoire de France qui fut envahi. Dans l'admirable campagne de 1813. l'empereur tint encore la fortune en suspens, mais les forces des alliés finirent par l'emporter sur son génie, et ceux-ci victorieux rétablirent les Bourbons (31 mars 1814).

« Le maréchal Davoust se trouvait dans la ville d'Hambourg. Napoléon était déjà à l'île d'Elbe et Louis XVIII aux Tuileries. Cet intrépide maréchal, enfermé dans ses retranchements, ayant à soutenir l'effort de toutes les armées de l'Europe qui s'étaient repliées sur lui, culbutant au pied de ses ouvrages

[1] De Fezensac. *Mes Souvenirs militaires de* 1804 *à* 1814; Thiers, auteur cité; C. Thibaudeau, auteur cité.

les soldats de la coalition, s'obstinait à
ne pas se rendre malgré toutes les sommations. Il résistait ainsi avec cette obstination
héroïque parce qu'il ne voulait rendre qu'à
la France le matériel de guerre considérable
qui avait été entassé dans cette ville... Tous
nos alliés nous avaient abandonnés, tous,
sans en excepter ceux qui sont restés le plus
populaires à la France. Mais le Danemark
demeura attaché au Maréchal jusqu'au moment où ce dernier lui dit : « Je ne puis rien
« pour vous, vous ne pouvez rien pour moi ;
« séparons-nous et suivons chacun nos des-
« tinées. » Le roi de Danemark se sépara
alors de nous [1]. » Nous allons voir comment le Danemark fut récompensé de son
dévouement à la cause de la France.

Napoléon débarqua en France le 1er mars
1815. La coalition qui l'avait détrôné se

[1] Extrait du *Discours de M. Thiers* prononcé au Corps
législatif, le 3 mai 1866.

renoua. Avec la bataille de Waterloo finit le premier Empire.

Le congrès tenu à Vienne (1814-1815) par les puissances alliées pour régler le sort de la France dépouilla le Danemark. « Fidèle à la France, dit M. Thiers, parce que ses principes maritimes le liaient à elle contre l'Angleterre, le Danemark avait agi avec une parfaite loyauté ; et, après nos défaites, forcé de nous quitter, il l'avait fait sans aucune duplicité [1]. Mais, mal récompensé de sa conduite honorable à une époque de violence, on lui enleva la Norvège pour procurer à Bernadotte, outre un dédommagement de la Finlande, une popularité qui compensât ce qui lui manquait sous le rapport de l'origine [2].

[1] Le Danemark dut fournir aux alliés un contingent qui vint en France en 1815.

[2] Bernadotte, songeant à ses propres intérêts, avait abandonné la poursuite de l'armée française à la fin de novembre 1813 ; il avait dévié du Hanovre vers la frontière danoise et était allé conquérir la Nor-

Toutefois, en dépouillant le Danemark, on lui avait promis la Poméranie suédoise, com-

vège dans le Holstein. Les Danois n'avaient que 9,000 hommes pour résister aux 50,000 de Bernadotte. Malgré le beau fait d'armes de Schested (10 décembre) qui, vers la fin de la guerre, jeta de l'éclat sur l'armée danoise, un armistice fut signé entre la Suède et le Danemark. Cet armistice aboutit à une paix malheureuse. Par la paix de Kiel (14 janvier 1814), la Norvège fut cédée à la Suède, qui donna une sorte d'indemnité au Danemark, en lui abandonnant la Poméranie suédoise et l'île de Rugen. Mais la Norvège ne voulut pas rompre les liens qui, pendant plusieurs siècles, avaient uni les deux peuples frères. Le prince Christian Frédéric (plus tard Christian VIII) fut élu roi de Norvège par l'assemblée nationale d'Eidsvold. Les Suédois envahirent la Norvège. La trêve de Moss (août 1814) mit fin à la lutte. Bernadotte reconnaissait au nom du roi de Suède la constitution libérale votée à Eidsvold, à laquelle ne pourraient être apportées, avec le consentement du *Storthing* (grande Assemblée), que les modifications nécessitées par l'union avec la Suède.

Christian-Frédéric donna sa démission le 10 octobre 1814 ; il déposa la couronne et remit le pouvoir à l'Assemblée. Dans les négociations qui suivirent la convention de Moss, la Norvège fut déclarée unie avec la Suède, comme royaume indépendant. Les traités de Vienne ratifièrent la séparation de la Norvège et du Danemark.

prenant la place de Stralsund avec l'île de Rügen. reste insignifiant de l'ancienne puissance suédoise sur le continent germanique, et on lui avait fait espérer un complément d'indemnité. Le roi était venu à Vienne réclamer l'accomplissement de cette promesse et bien qu'il apportât une grande modération dans la défense de ses droits incontestables. bien qu'on reconnût qu'il avait pleinement raison, on ne s'était guère occupé de lui, et on n'avait pas même admis ses ministres au congrès. La célèbre devise *Væ victis !* n'avait jamais été plus complètement justifiée, et, dans les 32 millions de sujets enlevés à l'Empire français, on n'avait pas su trouver de quoi rendre à ce prince une parcelle de ce qui lui avait été ravi pour le bien général, disait-on, car on regardait comme le bien général de donner la Norvège à Bernadotte. »

Le roi de Danemark échangea avec le roi

de Prusse la Poméranie suédoise contre le
duché de Lauenbourg et une indemnité pécu-
niaire. « Par les qualités de son souverain,
ajoute M. Thiers, par les qualités de son
peuple, par son honorable conduite, par sa
position de gardien du Sund qui le rendait
plus nécessaire à l'équilibre européen que
beaucoup d'autres, le Danemark aurait mé-
rité un meilleur traitement. »

CHAPITRE III

DANEMARK ET FRANCE :

SOUS LA RESTAURATION (1815-1830),

LE RÈGNE DE LOUIS-PHILIPPE Iᵉʳ (1830-1848)

ET LA DEUXIÈME RÉPUBLIQUE

(1815-1852)

§ 1.

Période de paix. — La question danoise ; injustes prétentions de l'Allemagne ; droits absolus et imprescriptibles du Danemark sur les duchés ; garantie donnée au Danemark par la France en 1720.

Malgré les imperfections de l'œuvre accomplie par les plénipotentiaires de Vienne, au lendemain d'une lutte de géants, cette œuvre n'en a pas moins donné à l'Europe une paix de quarante ans. Malheureusement le mot attribué à lord Palmerston allait, après 1848, devenir une funeste réalité : « Le Danemark était l'allumette qui devait mettre le feu à l'Europe. »

Déjà, au moment de la Révolution de 1848, le souvenir du vieil Empire d'Allemagne avait fait naître chez les Allemands l'idée de reconstituer « un seul Empire avec la couronne d'or ». Mais un grand empire a besoin d'une force maritime considérable, et, ce que l'Allemagne n'avait pas, en raison de sa situation géographique, elle pouvait se le procurer en dépouillant son voisin le Danemark. En enlevant aux Danois les duchés de Slesvig et de Holstein, l'Allemagne se trouverait maîtresse d'un grand port sur la Baltique et occuperait sur cette mer et sur la mer du Nord une position avantageuse.

L'école historique et philosophique de l'Allemagne posait déjà en principe « que tout ce qui parle allemand devait faire partie du grand corps germanique ». On s'occupait de rétablir les nationalités et de restaurer les races éteintes, système dont la brutale et injuste application devait amener la crise que l'Europe traverse aujourd'hui.

Le prétexte employé par la Prusse pour s'immiscer dans les affaires du Danemark était la conformité d'origine avec les Allemands de quelques milliers d'individus soumis à la domination danoise et habitant le Slesvig, duché qui n'a jamais fait partie de l'empire d'Allemagne [1].

L'Eider, qui sépare le Slesvig du Holstein, n'a jamais cessé dans l'histoire de former la limite entre le Danemark et l'Allemagne et, bien que dans le sud du duché, ce soit aujourd'hui, grâce à l'infiltration d'élément germanique, la langue allemande qui domine, les inscriptions runiques qu'on y lit sur les anciens monuments prouvent que l'idiome

[1] Taxile Delord, *Histoire du second Empire.*

d'autrefois était le même que celui de la partie septentrionale, c'est-à-dire le danois[1].

Pour tirer quelque avantage du port de Kiel, situé dans le Holstein, la Prusse avait besoin de s'établir sur la rive méridionale de l'Eider qui fait partie du Slesvig ; mais elle ne le pouvait qu'en déclarant le Slesvig duché allemand, et c'est pourquoi, faisant violence à l'histoire, elle a agi comme si l'Eider n'avait jamais existé et que l'élément germanique eût toujours prévalu au delà de cette frontière naturelle.

Au point de vue statistique, la population allemande, en 1864, entrait à peine pour un tiers dans le chiffre de la population totale du Slesvig. La race danoise était donc

[1] « Le Slesvig est une terre *danoise* portant dans ses appellations géographiques, et surtout dans l'existence de monuments antiques, de pierre et de terre remontant à l'époque des luttes soutenues pour son indépendance, les preuves matérielles de son droit imprescriptible. » (De Bourgoing, auteur cité.) — *Le Spectateur militaire* (années 1848, 1849, 1864.)

en majorité dans la population du duché. Et la présence de l'élément germain dans le Slesvig n'était, comme nous venons de le dire, que le résultat d'un envahissement et non le résultat d'une conquête. On s'était dit d'un bout de l'Allemagne à l'autre que le Slesvig était une terre allemande et dès lors toute la population germanique avait chanté l'hymne de guerre du Slesvig-Holstein.

En résumé, la géographie fait de l'Eider une frontière toute trouvée ; la nationalité du Slesvig est réellement danoise ; la statistique met le droit de la majorité du côté des Danois. L'histoire va nous apprendre que les duchés ne furent pas indépendants du royaume de Danemark depuis 1779 et que, avant cette époque, ils ne cessèrent de se trouver sous le gouvernement absolu des rois du Danemark, sans aucun droit indépendant.

Après de longues guerres civiles au sujet

de la succession au trône de Danemark. Valdemar, duc de Slesvig, demeura seul maître du royaume de Danemark et du duché de Holstein (1157). Il choisit Copenhague comme siège de son gouvernement et prit le titre de Valdemar I[er][1]. Mais les duchés de Slesvig et de Holstein, croyant leurs intérêts sacrifiés par suite de leur réunion au Danemark, essayèrent de secouer le joug de la domination danoise ; ils commencèrent cette lutte qui ne dura pas moins de trois siècles et au cours de laquelle la Suède se sépara de la monarchie scandinave pour former un état indépendant (1523)[2].

En 1448, Christian Ier de la maison d'Ol-

---

[1] Son règne dura de 1157 à 1182 ; il appartenait à la dynastie des Esthrithides qui succéda, en 1047, à la dynastie skiolddungienne et s'éteignit en 1340.

[2] En 1397, fut proclamée la réunion des trois couronnes de Suède, de Norvège et de Danemark sur la tête de Marguerite de Valdemar (*Union de Calmar*).

denbourg fut proclamé roi de Danemark et devint le chef de la dynastie qui règne encore aujourd'hui[1]. Renonçant à la conquête complète de leur indépendance, les duchés transigèrent avec le Danemark et élurent Christian Ier duc de Slesvig-Holstein (1460), à la condition qu'il maintiendrait les privilèges des deux duchés qui devaient, en outre, perpétuellement rester indivis en totalité (1460)[2]. Il n'était question là que d'une pure union dynastique, n'affectant nullement la constitution intérieure de chacun des deux duchés et n'offrant aucun caractère d'indissolubilité. En

[1] Christian Ier (1448-1481) fonda en 1478 l'Université de Copenhague; mais cette université ne se développa guère que depuis 1536, époque où elle fut richement dotée par Christian III. C'est en 1493 que parut le premier livre imprimé en Danemark.

[2] « Dat se bliuen ewich tosamende ungedeelt. » — Le duc de Slesvig-Holstein, Adolphe VIII, était mort sans héritier et Christian Ier héritait par sa mère de ces duchés.

1490, le roi Jean[1], successeur de Christian Ier, conféra à son frère, le duc Frédéric, une partie du duché de Holstein. Aboli en 1523, à l'avènement de Frédéric Ier (1523-1534) au trône de Danemark, le partage de 1490 se renouvela en 1544, sous le règne de Christian III (1534-1559), qui fit des duchés trois parts au lieu de deux. Il en garda une et donna les deux autres à ses frères, Jean[2] et Adolphe. Ce partage occasionna de nombreuses querelles entre la branche royale qui continua à régner sur le Danemark et la *branche ducale* de Holstein-Gottorp[3].

[1] Jean régna de 1481 à 1513; il eut pour successeur Christian II (1513-1523).

[2] Il mourut sans enfants.

[3] La branche des Holstein-Gottorp a donné naissance à deux rameaux dont l'un est celui des *Holstein-Gottorp* proprement dits, d'où est sortie la famille qui règne en Russie depuis 1762 et celui de *Gottorp-Eutin*, d'où est sortie la famille qui a occupé le trône de Suède depuis 1751 jusqu'en 1818.

De Jean fils puiné de Christian III provint la branche

En 1658, une partie du Slesvig devint vassale de la Suède ; en 1714, Frédéric IV, roi de Danemark[1], ressaisit entièrement ce duché et le traité de Stockholm, de 1720, le confirma dans cette possession.

Ce traité fut signé, le 3 juin 1720, par le comte Gustave Cronhielm, le comte Taube, le comte Jean Lilienstedt et le baron de Kopken pour le roi de Suède, et le général major Lövenörn pour le roi de Danemark. Les deux puissances conclurent ce traité ainsi qu'il est dit dans le préambule de l'acte « sur les instances réitérées de S. M. Geor-

royale *cadette* représentée par la maison d'Augustenbourg et de Glucksbourg.

[1] Frédéric IV régna de 1699 à 1730. Après Christian III, le trône de Danemark avait été occupé par Frédéric II (1559-1588), Christian IV (1588-1648), Frédéric III (1648-1670), et Christian V (1670-1699). Ce fut sous le règne de Frédéric II que vécut en Danemark le célèbre Tycho-Brahé, dont les observations astronomiques si exactes sont devenues une des bases principales de la nouvelle science des astres.

ges, roi de la Grande-Bretagne, qui s'était
donné tous les soins imaginables pour ré-
concilier les parties belligérantes et de
S. M. T.C., Louis XV, roi de France et de
Navarre, qui, désirant de son côté contribuer à la pacification du Nord, avait bien
voulu joindre ses soins et bons offices à
ceux de Sa Majesté Britannique[1]...

La Suède consentait à l'annexion au Danemark du duché de Slesvig. L'Angleterre
et la France garantissaient par des actes séparés la possession de ce duché au roi de Danemark[2]. Enfin un traité d'alliance et de subsides, conclu entre la France et le Danemark

---

[1] Martens, *Recueil des Traités*; Barral (comte de),
Étude sur l'histoire diplomatique de l'Europe.

[2] Le résident et plénipotentiaire de France près de
la Suède, M. de Campredon, rédigea en faveur du roi
Frédéric IV, le 14 juin 1720, un acte ratifié, le 18
août, par Louis XV et le duc d'Orléans régent, et par
lequel la France promettait « de maintenir le roi de
Danemark dans la possession paisible de la partie
ducale dudit duché de Slesvig ».

(15 mars 1742) confirmait au roi Christian VI[1] la garantie du duché de Slesvig[2].

Le Holstein ne devait pas tarder à être de nouveau réuni complètement au Danemark. Par le traité provisoire du 22 avril 1767 et le traité définitif du 1er juin 1773, conclu entre le Danemark et la Russie, la maison de Gottorp reconnaissait le Slesvig comme acquis au Danemark et la partie du Holstein appartenant aux ducs de Holstein-Gottorp était échangée contre les duchés d'Oldenbourg et de Delmenhorst, ancien héritage de la maison royale danoise[3].

[1] Christian VI régna de 1730 à 1746. Sous son règne furent fondées l'académie de Copenhague (1742) et l'académie des beaux-arts (1738).

[2] Nous avons insisté à dessein sur les clauses du traité de 1720 et sur les garanties données au Danemark par la France et l'Angleterre. Nous rappellerons ce traité, quand nous parlerons du rôle de la France dans la question des duchés danois.

[3] Martens, *Recueil des traités*. — Le traité provisoire de 1767, conclu par Catherine II, ne devint définitif qu'en 1773, à la majorité de son fils Paul. Comme appen-

On ne saurait contester l'importance des
actes de 1720 et de 1773. Ces traités mirent
fin aux partages funestes qui avaient donné
lieu à des dissensions presques continuelles
et ils réunirent dans leur intégrité, comme
en 1460, les deux duchés sous le même
seigneur, Christian VII, qui était en même
temps roi de Danemark[1]. En 1779, Christian VII prit possession des autres portions
du Holstein. La réunion était irrévocable-
ment accomplie ; la position redevenait
exactement la même que si les rois de Danemark avaient toujours régné, sans partage, sur le Slesvig et sur le Holstein, comme
sur tout le reste des États danois.

dice de ce traité, la ville de Hambourg, qui avait été vis-
à-vis des rois de Danemark, en qualité de ducs de Holstein, dans une situation de dépendance souvent
contestée par elle, mais toujours maintenue par eux,
fut reconnue ville libre impériale, moyennant une
indemnité d'un million de rigsdalers.

[1] Christian VII régna de 1766 à 1808; il avait succédé
Frédéric V (1746-1766).

Après le démembrement de l'empire germanique, le roi de Danemark réunit par un édit (9 septembre 1806) le duché de Holstein à son royaume. Quant au Lauenbourg, il avait été cédé par la Prusse au Danemark en 1815, en échange de la Poméranie suédoise.

Au congrès de Vienne, le Danemark, comme nous l'avons déjà vu (p. 73), vit son existence politique menacée, principalement parce qu'il avait abandonné le dernier de tous, et sous la pression d'une force irrésistible, la cause de la France. On lui enleva la Norvège et l'on déclara que le Holstein et le Lauenbourg feraient partie de la Confédération germanique et on laissa en dehors le Slesvig. Toutefois cette séparation n'était que nominale.

§ II.

Le roi Frédéric VI (1808-1839) injustement dépouillé de la Suède, s'occupa de consolider sa monarchie en opérant un travail d'unification dans les possessions qui lui restaient. Il commença par le Slesvig, et, afin d'avoir plus de facilité à incorporer plus tard les deux duchés, il s'efforça de les séparer. De là l'origine de cette querelle entre le pouvoir royal et les duchés, qui continua sous le règne de son successeur, Christian VIII (1839-1848) [1].

L'Allemagne sentit le danger, et elle ne tarda pas à former dans les duchés le parti de Slesvig-Holsteinisme qui trouva des appuis secrets jusque sur les marches du trône, dans le duc Christian-Auguste d'Augustenbourg, et dans le prince de Noër, frère du duc Christian. Ces deux princes, comblés de faveur et de confiance par Frédéric VI, se firent les agents de la propagande germanique sous son règne et celui de Christian VIII.

Au commencement de 1846, les Allemands demandèrent l'adjonction du Slesvig à la Confédération germanique. Le roi

[1] Christian VIII, né le 27 septembre 1786, monta sur le trône le 3 décembre 1839 ; il succédait à son cousin Frédéric VI.

Christian refusa. Les Allemands ne se tinrent pas pour battus ; ils mirent en avant la question *de succession*. Le roi de Danemark était vieux, et son fils Frédéric n'avait pas d'enfants, de sorte que la ligne masculine de la famille d'Oldenbourg pouvait être considérée comme éteinte. Dans ce cas, la couronne de Danemark devait, en vertu de la *loi royale* [1] passer aux héritiers de la ligne féminine, dont le chef était le prince Frédéric de Hesse. Quant aux duchés, d'après les lois traditionnelles du royaume, ils ne pouvaient *tomber en quenouille*; ils devaient alors revenir à la deuxième ligne masculine, *la royale cadette*, dont le chef était le duc d'Augustenbourg [2].

Afin de prévenir le démembrement de

---

[1] Cette loi fut promulguée en 1665, sous Frédéric III.

[2] Taxile Delord, *Histoire du second Empire* ; Frédéric Nolte, *L'Europe militaire et diplomatique*.

ses Etats, Christian VIII déclara, par *lettre patente du 8 juillet 1846*, que les droits sur la couronne du Slesvig étaient hors de toute contestation, attendu que ce duché faisait partie intégrante de la monarchie danoise[1].

Dix-huit mois après, le 20 janvier 1848, le roi Christian mourut, laissant la couronne à son fils, qui prit le titre de Frédéric VII.

A peine Frédéric VII était-il monté sur le trône de Danemark que la révolution de 1848 éclata en France et provoqua une grande agitation en Allemagne. On voulait l'unité nationale et une constitution plus libérale. Le mouvement se propagea dans le Holstein, et, avant que ce duché ait eu l'occasion de faire valoir ses droits, le prince de Noër se rendit, le 24 mars, à Kiel où il gagna la garnison qui était allemande et fit proclamer

---

[1] Cette déclaration n'était que la confirmation de l'acte de 1720 relatif au Slesvig; voir page 85.

un gouvernement provisoire ; puis, à la tête de 1,200 hommes, il enleva par surprise la garnison et la forteresse de Rensborg, située à l'entrée du Slesvig méridional, et qui avait pour commandant le vieux général Lützow lequel n'avait pris aucune des mesures de précaution qu'exigeaient les circonstances. « La prise de cette place ne mit pas seulement entre les mains des insurgés une forteresse solide et importante, mais encore 2 à 3 millions de rigsdalers qui se trouvaient dans les caisses publiques et qui furent une excellente ressource pour les entreprises ultérieures [1]. »

Dès que ces nouvelles parvinrent à Copenhague, toute la ville courut aux armes ; on forma partout des corps de volontaires et les habitants demandèrent à grands cris que des troupes fussent dirigées promptement sur le Slesvig. Le roi passa lui-

[1] C.-F. Allen, auteur cité.

même en revue sur la place d'armes la première division des troupes envoyées contre
l'insurrection. Après le défilé, Frédéric VII
leur adressa ces paroles : « Soldats, je suis
certain que vous ferez honneur à votre roi
et à votre patrie. Bientôt je me mettrai moi-
même à votre tête et nous combattrons ensemble. » Les troupes répondirent : « Vive
le roi ! vive le Danemark jusqu'à l'Eider ! »
27 mars 1848.)

Les insurgés, battus à Bov et à Flensborg
7 et 9 avril) par l'armée (environ 11.000
hommes) du général danois Hedemann,
repassèrent l'Eider et se réfugièrent dans
le Holstein.

Le roi de Prusse Frédéric-Guillaume IV,
sollicité par les duchés et le duc d'Augustenbourg [1] qui l'appelaient à leur secours,
saisit avec empressement l'occasion qui lui

[1] Le duc d'Augustenbourg était parti dès le 21 mars
pour Berlin.

était offerte de s'immiscer dans les affaires intérieures du Danemark et de donner satisfaction au parti exalté et ambitieux de la jeune Allemagne. Le 6 avril, les troupes prussiennes franchirent la frontière du Holstein sans qu'il y eut la moindre déclaration de guerre. C'était là une atteinte au droit des gens ; mais rien ne pouvait arrêter l'invasion commencée, puisque la Diète de Francfort reconnut, le 12 avril, le gouvernement provisoire de Slesvig-Holstein et chargea formellement le roi de Prusse de le protéger.

Le 23 avril 1848, le général prussien Wrangel, à la tête d'une armée de 30,000 hommes, attaqua le général Hedemann, qui avait pris position devant Slesvig et derrière les fortifications du Dannevirke. Les Danois luttèrent pendant huit heures contre des forces doubles et ne se retirèrent du champ de bataille qu'après avoir fait éprouver de grandes pertes à l'armée allemande, et sans laisser aucun trophée entre ses mains. Le général Hedemann pensa néanmoins que son armée, malgré sa bravoure, ne saurait tenir longtemps contre des forces aussi supérieures aux siennes. Il abandonna le Jutland aux troupes prussiennes et se retira dans l'île d'Als. Le général Wrangel occupa le Jutland qu'il frappa d'une contribution de 11 millions.

Cependant la flotte danoise mettait l'embargo sur tous les vaisseaux allemands et fermait tous les ports de la mer Baltique. A la fin de mai, le général Hedemann reprit l'offensive. Il chassa le général Wrangel du Jutland à la suite d'un grand combat livré dans le Sundeved (28 mai); il venait de contenir l'attaque des alliés à Düppel (Dybbel) (6 juin) lorsque l'armistice de Malmoë amena une suspension dans les opérations militaires (26 août).

La France avait, par ses bons offices, con-

tribué à la conclusion de cet armistice. Elle avait protesté formellement, en mai 1848, contre l'invasion prussienne dans les duchés. Seule, de tous les Etats de l'Europe, la République française, dans une note adressée, le 7 août 1848, au ministre danois à Paris, s'était ressouvenue de la garantie donnée par la France au roi de Danemark, en 1720, à l'égard du Slesvig.

M. Bastide, ministre des affaires étrangères à cette époque, chargea, le 8 août, M. Arago de remettre sous les yeux du gouvernement de S. M. prussienne le texte de cet article de garantie, et de protester hautement contre l'agression dont le Danemark était l'ojet, et contre la violence qui devait être faite aux sentiments de justice de S.M. prussienne. Le chargé d'affaires de la République à Francfort, M. Savoye, adressa, le 10 août, une protestation analogue au ministère du pouvoir central de l'Allemagne.

L'armistice de Malmoë fut conclu ; il donna quelque répit au Danemark, dans cette lutte honorable qu'il soutenait à la fois contre une insurrection de ses propres sujets et contre l'injuste intervention de la Prusse.

Malheureusement les efforts de la France, de l'Angleterre et de la Russie ne purent déterminer les partis en présence à conclure la paix. Les négociations n'ayant pu amener la reconnaissance de ses droits, le Danemark dénonça l'armistice, le **21** février 1849, et la guerre recommença.

Un des faits d'armes les plus remarquables de cette nouvelle période de la guerre prusso-danoise fut la glorieuse sortie des Danois assiégés dans Frédéricia, qui forcèrent les troupes des insurgés à lever le siège de cette ville (6 juillet 1849). Au moment où les Danois, commandés par le général de Bülow, remportaient ce brillant succès, l'intervention de l'Angleterre amena la Prusse à conclure un nouvel armistice avec le Danemark. La paix fut signée, le 2 juillet 1850, et, mit fin à la conduite déloyale tenue par la Prusse. Frédéric-Guillaume conclut à Berlin, avec le roi de Danemark, tant en son nom qu'au nom de la Confédération germanique, un traité de paix au terme duquel les parties contractantes conservaient tous les droits qui leur avaient appartenu avant la guerre, et le roi de Danemark « pouvait, pour rétablir l'exercice de son autorité légitime sur le Holstein, réclamer l'intervention de la Confédération germanique[1] ».

Pendant que ces négociations se poursuivaient, les représentants de la France, de la Russie, de l'Angleterre, de l'Autriche, de la Suède-Norvège et du Danemark réunis en conférence à Londres signaient le protocole du 4 juillet 1850 qui établissait en

[1] Martens. *Recueil des traités.*

principe le maintien de l'intégrité de la monarchie danoise telle qu'elle avait été garantie par les traités et réglait l'ordre éventuel de la succession à la couronne du Danemark. Le prince Christian de Slesvig-Holstein-Sonderbourg-Glücksbourg était reconnu héritier légitime de tous les États du Danemark. L'empereur de Russie, Alexandre II, renonça en sa faveur à tous ses droits comme représentant de la branche aînée des Holstein-Gottorp ; les autres branches agnatiques ou cognatiques suivirent cet exemple. Ces actes furent confirmés de part et d'autre par une conférence tenue à Vienne. Le 8 mai 1852, les plénipotentiaires des mêmes puissances, qui avaient signé le protocole du 4 juillet 1850, adoptèrent le traité de paix définitif entre le Danemark, la Prusse et la Confédération germanique. Aucune des conditions énoncées dans le premier acte n'était changée,

6.

le mode de succession à la couronne danoise était réglé et ratifié.

Le duc Christian-Auguste, aîné de la maison d'Augustenbourg, reçut cinq millions de francs (30 décembre 1852) et renonça à tous ses droits dans les termes suivants : « Nous promettons et jurons, tant en notre nom qu'en celui de notre famille, sur notre parole d'honneur ducale, de ne jamais rien tenter qui puisse troubler la tranquillité de Sa Majesté le roi de Danemark, ni jamais contrecarrer les mesures que Sa Majesté a pu prendre, ou prendra pour la succession de tous les territoires réunis actuellement sous son sceptre, ou pour l'organisation future de sa monarchie. »

Le plénipotentiaire prussien, qui négocia cette affaire à Francfort avec le duc d'Augustenbourg, était M. de Bismarck, alors membre de la Diète. « Cette guerre, suivant lui, était une entreprise inique, frivole, désastreuse et révolutionnaire. »

La paix une fois signée, la Prusse retira ses troupes des duchés; mais, pendant les négociations, les insurgés avaient formé une armée nouvelle avec les nombreux volontaires venus de toutes les contrées de l'Allemagne. Cette armée qui était en partie commandée par des officiers allemands ou prussiens n'en fut pas moins battue à Isted [1] (25 juillet 1850) par les troupes danoises du général Krogh. Cette victoire, et l'héroïque fait d'armes accompli à Frédérikstad amenèrent la soumission du Slesvig [2].

[1] A 8 kilomètres au nord de Slesvig. Dans cette bataille, les Danois eurent à déplorer la perte du général Schleppegrell, qui tomba mortellement frappé d'une balle à la tête.

[2] Le colonel de Hegelsen, qui a commandé au siège de Frédérikstad, était venu en France en 1815, avec le contingent danois. Retiré à Douai, il s'était marié dans cette ville et y était resté jusqu'en 1846. Ayant perdu sa femme à cette époque, il retourna en Dane-

Le Holstein faisait partie de la Confédération germanique ; l'armée danoise n'y pénétra point ; l'intervention des soldats autrichiens rendit ce duché au roi Frédéric VII. Le Danemark était complètement pacifié.

« Dans cette guerre, l'Angleterre s'était montrée amie dévouée du Danemark, qu'elle n'avait point habitué à tant de bienveillance.

« La France, par l'intervention de sa presse, par l'influence qu'elle exerçait sur l'opinion et la conscience des peuples civilisés, plus peut-être que par l'action de sa diplomatie, avait plaidé cette cause de l'équité[1]. »

mark et alla offrir ses services à M. de Tscherning, qui le plaça à la tête d'un bataillon et le nomma plus tard commandant de Frédérikstad.

[1] De Bourgoing. *Les Guerres d'idiome et de nationalité : la Pacification du Danemark.* Paris, Dentu, 1849.

CHAPITRE IV

DANEMARK ET FRANCE:
SOUS LE SECOND EMPIRE

1° (1852-1864)

§ 1.

Après avoir signé les traités de 1850 et de 1852, la
Prusse cherche à regagner par la diplomatie ce
qu'elle a perdu sur le champ de bataille : la Diète
et le Danemark. — Arrivée au pouvoir de M. de Bismarck. — Attitude étrange de l'Angleterre à l'égard
du Danemark. — Constitution du 14 novembre 1863.
— Mort du roi de Danemark, Frédéric VII (15
novembre 1863). — Avènement au trône de Danemark du roi Christian IX. — La Prusse demande le
retrait de la constitution du 14 novembre 1863 ; refus
du roi de Danemark. — Attitude de la France et de
l'Angleterre. — L'exécution fédérale. — Le duc
d'Augustenbourg prétendant à la succession des duchés
danois. — Proposition de la Prusse et de l'Autriche

à la Diète germanique. — Vote de la Diète. — Ultimatum envoyé au Danemark par la Prusse et l'Autriche. — Le Danemark abandonné par Napoléon III.

Le Danemark sortait victorieux de la lutte acharnée qu'il venait de soutenir pour disputer le Slesvig à l'influence prussienne : le germanisme était repoussé au delà de l'Eider. Mais l'agitation allemande recommença bientôt : l'Allemagne chercha à regagner par la diplomatie ce qu'elle avait perdu sur le champ de bataille. L'Autriche et la Prusse, comme pour faire assaut de popularité, se crurent obligées, dans leurs discussions toujours renaissantes avec le cabinet de Copenhague, de s'ingérer, non seulement dans les affaires de Holstein, mais aussi dans celles du Slesvig, qui ne faisait pas partie de la Confédération.

Dès l'année 1857, la Prusse échangea des notes assez vives avec le cabinet danois. L'année suivante, la Confédération germanique prit part au débat, blâma la conduite du Danemark et réclama pour les duchés l'établissement d'un état de choses conforme aux lois de la Confédération. Le prince régent de Prusse fit même entendre des paroles menaçantes dans un discours au parlement prussien, le 12 janvier 1859, à propos de prétendus griefs relatifs aux efforts du Gouvernement danois pour assurer la prépondérance à la nationalité danoise dans le Slesvig. Enfin, le 3 avril de la même année, un membre de la Chambre des députés de Prusse conseilla au gouvernement prussien de reprendre en main la cause du Slesvig « indignement opprimé par le Danemark ».

Le Danemark resta sourd aux menaces de l'Allemagne et de la Prusse. La diète germanique ordonna, au commencement de 1861, une « exécution fédérale » qui comportait l'occupation militaire du Holstein ;

mais on ne se pressa point d'exécuter cette résolution ; les gouvernements allemands avaient seulement voulu donner une satisfaction à l'opinion.

Le parti unitaire ne s'en contentait pas : il réclamait hautement l'occupation, non pas seulement du Holstein, mais du Slesvig. Ce duché, comme le Holstein, prétendait-il, appartenait à *la péninsule germanique*[1]. Les fanatiques de l'unité allemande s'irritaient de l'inaction des princes ; le 14 juillet 1861, un étudiant tira un coup de pistolet sur le nouveau roi de Prusse, Guillaume Ier, qui avait passé de la régence au trône, au commencement de cette année. Le roi de Prusse se sentit poussé à l'action. Il vint, peu de temps après, rendre à Napoléon III à Compiègne, la visite qu'il avait reçue de lui l'année précédente, à Bade (octobre 1861). Ces relations personnelles confirmèrent l'empe-

[1] Les Allemands appelaient ainsi le Danemark.

reur des Français dans ses dispositions favorables à la Prusse, et un traité de commerce, conclu entre la France et le Zollverein allemand, en août 1862, traité laissant l'Autriche en dehors, manifesta ce rapprochement qui dut contribuer dans une certaine mesure à dévier la politique de Napoléon III dans la question danoise [1].

Sur ces entrefaites, M. de Bismarck fut appelé au ministère. Mais l'homme de 1862 n'était plus l'homme qui, au début de la question danoise, avait traité de « querelle d'Allemand » la guerre suscitée par la Prusse au roi de Danemark ; il avait rompu avec tout préjugé, tout principe, sauf l'agrandissement à tout prix et par tous les moyens de la monarchie prussienne.

Le jour même de l'arrivée au pouvoir de M. de Bismarck, lord Russell, ministre des affaires étrangères d'Angleterre, adressait

[1] Henri Martin, auteur cité.

au cabinet de Copenhague, le 24 septembre 1862, une dépêche dans laquelle il proposait en réalité un partage de la monarchie danoise en quatre provinces administratives, combinaison qui livrait entièrement le Danemark à l'influence allemande.

Le roi de Danemark comptait sur son droit, sur l'opinion publique en Europe, sur la France qui, croyait-il, ne pouvait l'abandonner. Il refusa les propositions de lord Russell et déclara dans son discours adressé au *Rigsdag* danois « qu'il était fermement résolu à maintenir contre toute attaque l'indépendance des Etats danois » et il ajouta : « Nous sommes convaincus que nous ne serons pas seuls dans cette défense[1]. »

La diète de Francfort encouragée par l'attitude nouvelle de l'Angleterre vota l'exécution fédérale, le 1er octobre 1863. La mort du roi de Danemark vint encore compliquer

[1] Henri Martin, Nolte, Taxile Delord, auteurs cités.

la situation. Frédéric VII, roi libéral, éclairé, patriote, mourut le 15 novembre 1863 ; il venait d'accorder pleine autonomie au Holstein, en promulguant, le 14 novembre, une constitution pour l'ensemble des provinces danoises. C'était une solution juste, mais le contraire de ce que voulait l'Allemagne. M. de Bismarck avait entretenu les Danois dans l'illusion à cet égard, en formulant même le programme d'un Danemark indépendant jusqu'à l'Eider et d'un Holstein indépendant jusqu'au même fleuve. Frédéric VII avait précisément réalisé le programme de M. de Bismarck lui-même; M. de Bismarck allait se retourner et protester en commun avec le ministre des affaires étrangères autrichien.

Le roi Frédéric VII ne laissait pas d'héritiers directs. Suivant les termes du protocole de Londres du 4 juillet 1850, sanctionné le 8 mai 1852, le duc Christian de Slesvig-Holstein-Sonderbourg- Glüksbourg était désigné

comme son successeur. Un prétendant surgit cependant dans la personne de Frédéric
d'Augustenbourg, fils de celui qui, en 1852,
avait vendu ses droits pour cinq millions de
francs. Le duc Christian n'en fut pas moins
proclamé roi de Danemark sous le nom de
Christian IX. Les puissances signataires du
traité de Londres, moins la Prusse et l'Autriche, envoyèrent à Copenhague des ambas-
sadeurs extraordinaires chargés de compli-
menter le nouveau roi sur son avènement[1].

A peine monté sur le trône, le roi Christian IX essaya de conjurer le péril suspendu
sur son royaume en déclarant la séparation
du Holstein et du Lauenbourg de la monarchie, et en maintenant au Slesvig son autonomie. Ces concessions ne satisfirent point
les exigences croissantes de la Prusse ; elle
demanda le retrait intégral de la constitu-

[1] Le général Fleury, aide de camp et écuyer de
l'empereur Napoléon, fut l'envoyé de la France.

tion du 14 novembre. Le roi Christian s'y
refusa. L'Autriche, que M. de Bismarck avait
entraînée dans son parti, soutint la prétention de la Prusse. La Diète vota, le 7 décembre, l'exécution fédérale dans le duché
du Holstein.

Le Danemark ne crut pas encore à cette
exécution. Il comptait sur le congrès dont
Napoléon III venait de prendre l'initiative ;
mais lord Russell combattait l'idée de cette
réunion auprès des cours de Vienne et de
Saint-Pétersbourg. Le congrès fut décidément écarté vers le milieu de décembre et
le Danemark perdit l'appui qu'il espérait
en tirer.

L'Allemagne allait profiter de l'anarchie
diplomatique de l'Europe pour écraser un
petit peuple aussi respectable par son courage que par ses malheurs. Le 23 décembre,
10,000 Saxons et Hanovriens, commandés
par le général Hacke, envahirent le Holstein

tandis qu'un corps prussien d'égale importance se concentrait à Lubeck. Le roi de
Danemark, sous la pression anglaise, évacua
le Holstein afin de différer aussi longtemps
que possible une collision à main armée
qu'il regardait cependant comme inévitable.

A peine les troupes fédérales eurent-elles
pris possession du Holstein que le duc d'Augustenbourg fut proclamé duc de Slesvig-
Holstein par les habitants d'un grand nombre de localités. Le duc d'Augustenbourg,
organe des aspirations populaires, adressa
alors aux populations des duchés une proclamation par laquelle il affirmait la légiti-
mité de ses droits et déclarait qu'il n'était
pas responsable des renonciations de son
père. Ce singulier prétendant avait même
adressé de Gotha, le 2 décembre, à Napoléon III, une lettre dans laquelle il invoquait
pour « les souffrances » du Slesvig les sympathies d'un grand souverain qui n'avait

jamais été indifférent à la voix des oppri-
més.

L'Empereur fit à cette lettre, le 10 décembre 1863, l'honneur d'une réponse[1].
Napoléon III regrettait « que la Confédération eut cru devoir intervenir dans le Holstein avant que la succession eut été décidée,
car l'intervention, tout en ne tranchant pas la
question, pouvait amener des complications
graves..... » Et il ajoutait que « si le Danemark était opprimé par de puissants voisins,
l'opinion publique, en France, se retourne-
rait de son côté ».

Le Danemark se trouvait abandonné de
tous, même de la France. L'Empereur ne
soutenait pas avec assez d'énergie la cause
d'un pays auquel nous attachent des sympathies traditionnelles. « Rien de plus facile.

[1] Le duc d'Augustenbourg adressa également une
lettre à l'empereur de Russie où il sollicitait d'être
reconnu au nom *des principes légitimistes*. Cette lettre
resta sans réponse.

de plus honorable que l'attitude que pouvait prendre la France dans ce drame traversé de tant d'audaces et de défaillances. Tout en pratiquant l'abstention la plus absolue, elle n'avait qu'à maintenir théoriquement le droit, à le professer hautement et sans ambages. Elle devait cette déclaration à la justice, à la vérité, à la signature qu'elle avait jadis apposée au traité de Londres, enfin au souvenir de la fidélité constante dont le Danemark avait donné les preuves au premier Empire, et que le captif de Sainte-Hélène rappelait encore avec reconnaissance quelques jours avant sa mort[1]. »

Cependant la Prusse et l'Autriche négociaient avec le Danemark pour le retrait de la constitution du 14 novembre 1863. Le 28 décembre, elles présentèrent à la Diète une motion portant que si le Danemark ne

[1] Julien Klaczko, *deux négociations diplomatiques* (*Revue des Deux-Mondes*, août 1865).

consentait pas à retirer la loi fondamentale
du 14 novembre, « la Confédération germanique, dans le sentiment de son droit et de
sa dignité, serait obligée de prendre les mesures nécessaires pour se procurer, au moyen
de l'occupation militaire du Slesvig, un gage
en vue de l'accomplissement de ses vœux
légitimes ». Le 14 janvier 1864, la Diète
rejeta cette motion à une majorité considérable (11 voix contre 5). La Prusse et l'Autriche déclarèrent « que, vu leur position spéciale et l'impérieuse urgence de la question,
elles ne croyaient pas pouvoir se soustraire à
l'obligation de prendre en main propre la
défense des droits de la Confédération dans
le Slesvig et de procéder aux mesures récla-
mées par cette défense », et le 16 janvier suivant, ces deux puissances adressèrent au
Danemark, en leur nom et seulement pour
la forme, un ultimatum d'une exécution mo-
ralement et matériellement impossible. Aux

7.

termes de cette sommation, le gouvernement
danois devait retirer la Constitution du
14 novembre dans le délai de quarante-huit
heures. Lord Russell écrivit en toute hâte à
Paris (le 18 janvier), pour proposer d'inviter
les puissances allemandes à surseoir à leurs
menaces coercitives et de soumettre la question dano-allemande à une conférence. Napoléon se rappelait que l'Angleterre avait été
le principal obstacle de son entente avec
l'Autriche au sujet de la Pologne et que le
cabinet britannique avait à cette époque cherché à effrayer l'Allemagne au sujet des projets mystérieux des Tuileries. Il fit répondre
à la proposition de lord Russell qu'il n'avait
pas lieu d'être satisfait de la marche suivie
dans la question polonaise, pour recommen-
cer dans la question des duchés.

Lord Russell proposa alors de donner une
assistance matérielle au Danemark. Le ministre français, M. Drouyn de Lhuys, répon-

dit que l'Empereur, tout en reconnaissant la sagesse du traité de 1852 au point de vue du droit public de l'Europe, s'abstiendrait pour le moment de prendre aucun engagement au sujet du Danemark. L'Angleterre ne devait pas aller au delà d'une démonstration maritime, d'une promenade dans la Baltique, tandis que la France, voisine de l'Allemagne, serait obligée d'engager avec cette puissance une entreprise des plus lourdes et des plus hasardeuses [1]. Napoléon III abandonnait le Danemark, notre ancien allié, et cette faute commise par l'Empereur allait être la cause des échecs subis ultérieurement par la France.

[1] Voir : Dépêches de M. Drouyn de Lhuys à M. le prince de la Tour d'Auvergne, ambassadeur de France à Londres (année 1864).

§ II.

Guerre de 1864. — La Prusse et l'Autriche envahissent les duchés danois. — Le général danois de
Méza abandonne le Dannevirke. — Combat d'Oversée (6 février 1864). — Retraite de l'armée danoise.
— Sièges de Düppel et de Frédéricia par les armées
des alliés. — Bombardement de Sonderbourg par
l'armée de Frédéric-Charles de Prusse. — Prise
de Düppel (18 avril 1864). — Intervention de l'Angleterre ; suspension des hostilités et conférence de
Londres. — La Prusse et l'Autriche refusent toute
solution acceptable pour le Danemark. — Reprise
des hostilités. — Prise de l'île d'Als par les Prussiens. — Nouvel armistice (20 juillet 1864) et signature des préliminaires de paix (1er août 1864). —
Traité du 30 octobre 1864 ; démembrement du Danemark.

Le roi Christian IX répondit par un refus
à la sommation austro-prussienne du 16 janvier 1864 et déclina la responsabilité des
événements qui pourraient en résulter. Le
Rigsdag et le peuple danois se montrèrent
pleins du plus ardent patriotisme et en-

couragèrent l'armée à endurer de nouvelles épreuves.

Le 22 janvier 1864, l'armée austro-prussienne formée en trois corps, et renforcée par des troupes nouvelles arrivées la veille en chemin de fer, envahit le Holstein. Son effectif était d'environ 70,000 hommes, et son chef, le feld-maréchal prussien Wrangel, avait pris part à la guerre précédente contre le Danemark.

L'armée danoise, commandée par le lieutenant-général de Méza, comprenait environ 32,800 hommes et 6,300 chevaux.

Le feld-maréchal Wrangel, une fois entré dans le Holstein, lança une proclamation dans laquelle il annonçait que les troupes austro-prussiennes venaient pour faire rendre justice aux populations du Slesvig. Le commandant en chef des forces alliées exprimait l'espérance que les soldats allemands seraient reçus comme des frères par les habitants du duché et il engageait les populations à s'abstenir des agitations de partis, en déclarant qu'il ne pouvait les tolérer dans l'intérêt même du Slesvig

Les troupes austro-prussiennes franchirent l'Eider, du 1er au 3 février, et envahirent le Slesvig. Les Danois, malgré leur bravoure et leur intrépidité, ne purent tenir contre une armée dont l'effectif ne tarda pas atteindre celui de 100,000 hommes. Dès le 5 février, le général de Méza abandonna le Dannevirke et la ville de Slesvig à l'ennemi, qui fut ainsi maître de la partie méridionale du Slesvig.

Les Danois battirent en retraite dans la direction de Flensborg. Le 6 février dans la soirée, l'arrière-garde de leur armée fut atteinte au village d'Oversée par les Autrichiens. Le choc fut terrible, la résistance fut acharnée. Deux fois repoussés, les Autrichiens ne restèrent maîtres du champ de bataille qu'après avoir livré un troisième assaut au village que le 1er régiment d'infanterie danoise, parti le premier de Slesvig, avait fortifié à la hâte afin de couvrir le reste de l'armée[1]. Dans ce combat sanglant, les Autrichiens perdirent 710 hommes et les Danois 800.

Malgré les attaques souvent renouvelées des alliés trois fois supérieurs en nombre, malgré la neige et un froid très vif, les régiments danois opérèrent leur retraite, tenant toujours tête à l'ennemi ; ils emmenèrent leurs blessés et atteignirent soit Düppel et l'île d'Als, soit Frédéricia.

Le Slesvig fut complètement envahi. Les alliés pénétrèrent même dans le Jutland et mirent le siège devant Frédéricia, qu'ils sommèrent inutilement de se rendre après l'avoir bombardée pendant deux jours (20

[1] « Les Danois se battent comme des lions, » disait un colonel autrichien dans son rapport.

et 21 mars). De son côté, le prince Frédéric-Charles de Prusse, qui commandait l'aile droite de l'armée alliée, ouvrait, le 15 mars, le feu contre la place de Düppel défendue par le général Gerlach, qui avait remplacé le général de Méza dans le commandement en chef de l'armée danoise. Irrité du stérile bombardement de Frédéricia et de l'opiniâtre résistance de Düppel (Dybbel), le général prussien se vengea sur l'île d'Als. Il bombarda Sonderbourg, ville ouverte, sans sommation préalable, et là, comme à Frédéricia, périrent des habitants inoffensifs.

Düppel retint, pendant plus de deux mois devant ses lignes, une armée quintuple de la garnison chargée de les défendre. Mais l'héroïsme des troupes danoises ne put empêcher cette forteresse de tomber entre les mains de l'ennemi. Après un long bombardement, les fortifications de Düppel furent emportées d'assaut, le 18 avril 1864, par les Prussiens, qui perdirent 1,188 hommes. Les Danois eurent 4,736 hommes tués, blessés ou faits prisonniers.

Les troupes alliées qui avaient fait le siège de Düppel se dirigèrent alors vers le nord. Bientôt le général Lunding, qui tenait à Frédéricia avec cinq régiments, se vit assiégé par une armée de 50,000 hommes, pourvue d'un parc de siège formidable. Il était impossible au général danois de soutenir une partie aussi inégale. Il reçut l'ordre d'abandonner la place sans combat et d'embarquer ses troupes pour le fort de Hals, dans le nord du Jutland.

En mer, les vaisseaux danois avaient capturé un grand nombre de navires de commerce appartenant aux États de la Confédération ; ils avaient remporté devant Héligoland un avantage sur la flotte autrichienne et bloqué les côtes de l'Allemagne septentrionale.

Cependant l'écrasement du Danemark,
accablé sous les forces démesurément supérieures de ses adversaires, avait inquiété l'Angleterre. Après des négociations laborieuses,
lord Russell annonçait aux chambres, le
18 mars, l'acceptation par les belligérants
d'une conférence où les cours signataires du
traité de 1852 se feraient représenter, et où
siégerait également un plénipotentiaire spécial de la Diète de Francfort. Les invitations
de l'Angleterre assignaient le 12 avril comme
date de la réunion de cette conférence ; mais
les Austro-Prussiens, qui faisaient alors le
siège de Düppel, voulurent attendre que
cette ville fût emportée d'assaut. Le 18, elle
succombait, et cependant la première séance
de la conférence n'eut lieu que le 25 avril.
Les plénipotentiaires imposèrent aux belligérants la conclusion d'une suspension
d'armes, du 12 mai au 12 juin. Le Danemark dut plier en tout, rendre les vaisseaux

capturés et lever même le blocus, sans que les alliés aient eu à évacuer le Jutland, une province sur laquelle eux-mêmes cependant déclaraient n'avoir pas la moindre prétention.

Pendant ce temps, la conférence examinait les moyens d'assurer la paix. Le plénipotentiaire anglais répudia le premier le traité de Londres, qui garantissait l'intégrité de la monarchie danoise. Encouragée par les propositions anglaises, la Prusse se démasqua, et, contrairement à maintes déclarations antérieures, le plénipotentiaire prussien signifia que la guerre avait fait disparaître tous les engagements passés. Bientôt il devint évident que l'œuvre de la conférence allait rester stérile. Il ne se trouva point dans les conseils de l'Europe une autorité morale suffisante pour mettre un frein aux actes illégaux de la Prusse et empêcher l'accomplissement de cette iniquité dont la perpétration ne devait pas tarder à enlever une garantie à la sécurité générale.

Les puissances neutres ne purent se mettre d'accord pour appuyer sérieusement une proposition d'arrangement équitable, tandis que les deux grandes puissances allemandes, fortes de leur développement militaire et de la mollesse des autres refusaient toute solution acceptable pour le Danemark. Puisque l'on abandonnait le grand principe de l'intégrité de la monarchie danoise, la France conseillait le partage du Slesvig[1], selon la ligne des nationalités, déterminée par un libre vote des populations[2]. La Prusse et l'Autriche exi-

---

[1] La proposition de partager le Slesvig avait été faite dès le 23 mai 1848 par lord Palmerston, dans une note à M. Bunsen, et rejetée par les Allemands comme par les Danois.

[2] Dans les lettres de M. Drouyn de Lhuys, ministre des affaires étrangères, à notre ambassadeur à Londres, des 26 mai, 10 et 11 juin 1864, nous retrou-

geaient la cession par le Danemark à la Confédération germanique non seulement du Holstein et du Lauenbourg, mais encore de tout le Slesvig[1]. « Ce qu'on demandait au Danemark, c'était de renoncer à une province liée depuis mille ans au Danemark et qui ne lui était contestée qu'à la suite des intrigues et des menées d'un prétendant, traître à la dynastie danoise et au Danemark, qui l'avaient comblé de bienfaits, lui et sa famille. Il avait fallu une agitation factice,

vons partout des propositions ou des réserves en faveur du vœu des populations et afin qu'elles soient consultées.

[1] Le 21 avril, le roi de Prusse, Guillaume Ier, avait fait une petite excursion dans le Slesvig-Holstein en compagnie de M. de Bismarck et du général Manteuffel, et la vue des belles provinces tout récemment conquises par la valeur allemande ne put manquer de produire une grande impression sur l'esprit du monarque : « Je regarde comme sacrée la cause des duchés, dit-il aux bourgeois de Rendsborg; la chose a été commencée *sérieusement*, elle doit-être terminée de même. »

soudoyée par ce prétendant et par les con-
voitises de l'Allemagne, pour obscurcir une
question de droit aussi claire en elle-
même[1]. »

Le Danemark refusa de souscrire à son
démembrement. Lord Russell demanda de
nouveau à la France de se concerter pour
une démonstration maritime. M. Drouyn
de Lhuys répondit que des manifestations
vaines seraient fatales à la dignité des deux
puissances. La France ne pouvait soutenir
seule sur le Rhin une lutte formidable
contre les forces combinées de la Prusse et
de l'Autriche. La conférence tint sa dernière
séance le 25 juin, après avoir misérablement
échoué, comme l'avait prévu et voulu M. de
Bismarck.

L'armistice, qui avait été prolongé jusqu'au 26 juin, était expiré ; les hostilités
recommencèrent, mais la fortune trahit le

[1] J. Hansen. *A travers la diplomatie* (1864-1867).

courage du Danemark. L'armistice était à peine rompu que les Prussiens s'emparaient de l'île d'Als. Abandonné de ses alliés naturels, le Danemark fut obligé de se rendre à discrétion à ses puissants ennemis. Un nouvel armistice fut conclu le 20 juillet, et les négociations, s'ouvrirent à Vienne. Le gouvernement français, bien qu'il ne pût désormais intervenir qu'à titre purement officieux, invoquait en faveur du Danemark l'équité des cabinets de Vienne et de Berlin, en leur rappellant que plus les forces engagées dans la lutte avaient été disproportionnées, plus le vaincu était en droit de compter sur la modération du vainqueur. Les préliminaires de la paix, signés le 1er août, furent convertis en traité définitif le 30 octobre. Le roi Christan IX renonçait à tous ses droits sur les duchés en faveur du roi de Prusse et de l'empereur d'Autriche, et il restituait toutes les prises faites par les bâtiments danois. « Ce fut le dénouement provisoire de la comédie diplomatique enchevêtrée avec la tragédie de cette guerre. Jusque-là l'Autriche et la Prusse avaient refusé de reconnaître les droits de Christian IX sur les deux duchés sans se prononcer entre les prétendants ; maintenant le roi Chistian IX devenait à leurs yeux le souverain légitime des duchés, non pour régner, mais pour céder ces provinces [1]. »

« Nous avons perdu beaucoup, dit le roi de Danemark dans sa proclamation annonçant l'acceptation du traité, mais nous ne renonçons pas à l'espérance, et l'avenir appartient à quiconque a une ferme volonté. Dieu bénisse notre patrie ! »

Ainsi fut accompli le démembrement d'une antique et glorieuse monarchie, en plein XIXe siècle et en face d'une Europe unanime à blâmer et à tolérer en même temps « cette

[1] Henri Martin, auteur cité.

entreprise éminemment inique, frivole, désastreuse et révolutionnaire ». L'effusion si inutile du sang à laquelle venait d'aboutir la discussion de l'Allemagne avec le Danemark sera un des faits les plus tristes et les plus honteux de notre siècle ; et cette guerre « de délivrance », dont les résultats étaient dominés d'avance par la nécessité d'une intervention européenne, laissera dans l'histoire de notre temps le souvenir et la tache d'un grand crime.

CHAPITRE V

DANEMARK ET FRANCE : SOUS LE SECOND EMPIRE

2º (1864-1870)

§ I.

Démarches de M. Hansen, patriote danois, pour faire
recouvrer au Danemark la partie nord du Slesvig ;
dispositions bienveillantes de M. Drouyn de Lhuys.
— Dissentiments entre la Prusse et l'Autriche au
sujet du partage de la conquête des duchés danois. — Convention de Gastein (14 août 1865).
M. Drouyn de Lhuys proteste au nom de la France.
— Sympathies pour la cause du Danemark au Corps
législatif, en mars 1866. — Discours de M. Thiers. —
Le prince royal de Danemark à Paris. — Situation
tendue entre l'Autriche et la Prusse ; guerre de 1866.
— L'Autriche vaincue à Sadowa (4 juillet 1866)
signe les préliminaires de paix à Nikolsbourg
26 juillet 1866). — Intervention de la France en
faveur du Danemark. — Paix de Prague ; l'article V

du traité de Prague. — Ouverture de la session de 1867 au Corps législatif : discussion sur la politique extérieure de la France. — Exposition universelle de 1867 ; le Danemark à l'Exposition. — Affaire du Luxembourg. — Ouvertures faites au Danemark par M. de Bismarck relativement à l'exécution des clauses de l'article V du traité de Prague. — Fourberie de M. de Bismarck ; ajournement de la question du Slesvig-nord.

L'amour-propre national souffrit en France de voir sacrifier à l'avidité allemande notre antique allié le Danemark. Le manque d'énergie de l'Angleterre, l'attitude du gouvernement français avait rendu possible la spoliation de cet Etat. Napoléon III était alors sous l'empire d'un rêve, qui absorbait toutes ses pensées et dont il cherchait à atteindre la réalisation dans l'expédition aventureuse du Mexique.

Cependant, il paraissait évident que l'Autriche et la Prusse ne s'entendraient pas pour le partage de leur conquête. De là pouvait résulter une situation politique à la faveur de laquelle il serait donné au Danemark de recouvrer au moins la partie danoise du Slesvig. Un patriote danois, M. Hansen, ne tarda pas à le comprendre [1].

Il se trouvait à Paris, depuis le 6 avril 1864, où il avait été envoyé par ses compatriotes pour faire connaître à la presse française sous son vrai jour la question danoise et l'éclairer sur les diverses phases de la lutte honorable que soutenait alors le Danemark.

M. Hansen s'était déjà mis en rapport avec le ministre des affaires étrangères, M. Drouyn de Lhuys, qui lui avait témoigné toute sa sympathie, lorsqu'au commencement d'octobre 1864 arriva à Paris une députation de cinq Slesvigeois du Slesvig du Nord. Cette députation venait demander une audience à l'empereur Napoléon III et le prier de

[1] Voir : J. Hansen, auteur cité.

8.

s'intéresser à la pénible situation qui était faite au Slesvig-Nord par suite de la conquête allemande. Napoléon III chargea M. Drouyn de Lhuys de recevoir les Slesvigeois. M. Hansen présenta, le 5 octobre, ses compatriotes au ministre français. M. Drouyn de Lhuys fit un excellent accueil aux Danois, et, répondant au désir exprimé par M. Hansen que la France intervînt en faveur des populations du Slesvig-Nord aussitôt que l'occasion s'en présenterait : « La situation politique de l'Europe, dit-il, ne nous permet pas en ce moment d'intervenir en faveur des Danois du Slesvig. » Et il ajouta « que, s'il survenait en Europe des événements de nature à faire espérer que les conseils de la France fussent écoutés, il pourrait peut-être surgir une occasion de s'occuper du Slesvig danois ».

M. Drouyn de Lhuys confirma, le 31 décembre 1864, les dispositions bienveillantes du gouvernement français à l'égard du Slesvig, dans la note-circulaire qu'il adressa aux agents diplomatiques de la France à l'étranger. Il leur prescrivait de se prononcer, dans la question du Slesvig, en faveur d'une solution consistant dans la séparation des éléments danois et allemands, conformément au principe des nationalités. Aux yeux du gouvernement français, dans cette question, il ne pouvait y avoir, en dehors du vœu des populations, de bases pour une pacification durable.

En effet, l'attentat commis sur le Danemark avait porté ses fruits, et l'Autriche allait bientôt expier cruellement sa déplorable faiblesse des années 1863 et 1864.

M. de Bismarck n'avait pas tardé à déclarer que, dans l'affaire des duchés, il n'y avait pas de « droits de succession » d'aucun genre ; l'empereur François-Joseph et le roi Guillaume Ier étaient les conquérants et les propriétaires exclusifs des duchés ; ils étaient les maîtres absolus du Slesvig-Holstein et pouvaient en disposer à leur gré. Or, comme l'empereur François-Joseph ne pouvait guère songer à s'embarrasser de possessions lointaines, il ne lui restait qu'à céder sa part de conquête au roi Guillaume Ier. Les dissensions qui existaient entre l'Autriche et la Prusse allèrent en s'accentuant, au point que, vers la fin de juillet 1865, de sérieux bruits de guerre s'étaient répandus en Europe. Mais ni l'un ni l'autre des deux adversaires n'était prêt pour faire la guerre ; ils se décidèrent à signer la fameuse convention de Gastein (14 août 1865), qui ne terminait rien et n'était aux yeux de tout le monde qu'une trêve. Le Lauenbourg fut cédé à la Prusse contre la somme de 2,500,000 thalers danois. L'Autriche administrait seule désormais le Holstein, et la Prusse, seule aussi le Slesvig.

Les deux grandes puissances germaniques,
qui avaient si longtemps invoqué contre le
Danemark la cause du Slesvig-Holsteinisme,
c'est-à-dire l'union indissoluble des duchés,
se les partageaient violemment, et rompaient
entre le Holstein et le Slesvig des liens que
la domination danoise elle-même avait res-
pectés.

Cette convention souleva en France un
profond mécontentement. M. Drouyn de
Lhuys, par sa circulaire du 29 août 1865,
se fit l'interprète de ce sentiment. Cette
note écrite sur un ton très ferme était la
suivante :

« Paris, le 29 août 1865.

« Monsieur,

« Les journaux nous ont apporté le texte
de la convention de Gastein. Je n'ai pas la
pensée d'en examiner les stipulations en
détail, mais il n'est pas sans intérêt de re-

chercher quels sont les mobiles qui ont guidé dans ces négociations les deux puissances allemandes.

« Ont-elles entendu consacrer le droit des anciens traités? Assurément non. Les traités de Vienne avaient réglé les conditions d'existence de la monarchie danoise. Ces conditions sont renversées. Le traité de Londres était un nouveau témoignage de la sollicitude de l'Europe pour la durée de l'intégrité de cette monarchie : il est déchiré par deux puissances qui l'avaient signé. Est-ce pour la défense d'un droit de succession méconnu que l'Autriche et la Prusse se sont concertées? Au lieu de restituer au prétendant le plus autorisé l'héritage en litige, elles se le partagent entre elles.

« Consultent-elles l'intérêt de l'Allemagne? Mais leurs confédérés n'ont appris que par les feuilles publiques les arrangements de Gastein. L'Allemagne voulait un État indi-

visible de Slesvig-Holstein, séparé du Danemark et gouverné par un prince dont elle
avait épousé les prétentions. Le candidat
populaire est mis de côté aujourd'hui, et
les duchés, séparés au lieu d'être unis,
passent sous deux dominations différentes.

« Est-ce l'intérêt des duchés eux-mêmes
qu'ont voulu garantir les deux puissances?
Mais l'union indissoluble des territoires
était, disait-on, la condition essentielle de
leur prospérité.

« Le partage a-t-il au moins pour but de
désagréger deux nationalités rivales et de
faire cesser leurs dissensions intérieures, en
assurant à chacune d'elles une existence
indépendante? Il n'en est pas ainsi, car nous
voyons que la ligne de séparation, ne tenant
aucun compte de la distinction des races,
laisse confondus les Danois avec les Allemands.

« S'est-on préoccupé du vœu des populations ? Elles n'ont été consultées sous aucune forme, et il n'est pas même question de réunir les Diètes slesvigo-holstenoises.

« Sur quel principe repose donc la combinaison austro-prussienne ? Nous regrettons de n'y trouver d'autre fondement que la force, d'autre justification que la convenance réciproque des deux copartageants. C'est là une pratique dont l'Europe actuelle était déshabituée, et il faut en chercher les précédents aux âges les plus funestes de l'histoire.

« La violence et la conquête pervertissent la notion du droit et la conscience des peuples. Substituées aux principes qui règlent la vie des sociétés modernes, elles sont un élément de troubles et de dissolution, et ne peuvent que bouleverser l'ordre ancien sans édifier solidement aucun ordre nouveau.

« Telles sont, Monsieur, les considérations qu'inspirent au gouvernement de l'Empereur les événements dont l'Allemagne est en ce moment le théâtre. En vous faisant part de ces impressions, mon intention n'est pas de vous inviter à adresser des observations à ce sujet à la cour auprès de laquelle vous êtes accrédité, mais de vous indiquer seulement le langage que vous devez tenir lorsque l'occasion se présentera pour vous de faire connaître votre opinion.

« Recevez, etc.

« DROUYN DE LHUYS. »

Communiquée à Londres, la circulaire du ministre français reçut l'approbation du gouvernement anglais, et lord Russell envoya, le 14 septembre, une dépêche analogue aux agents diplomatiques de la Reine. Toutefois cette démarche n'était pas l'annonce d'une communauté d'action entre la France et l'Angleterre. Les escadres des deux puissances avaient échangé, il est vrai, dans le courant du mois d'août, des visites à Cherbourg, à Brest et à Portsmouth ; mais ces témoignages extérieurs ne présentaient en aucune façon le caractère d'une menace pour l'Allemagne. M. de Bismarck savait très bien qu'il n'avait pas à s'effrayer des critiques adressées à l'œuvre de Gastein. Il répéta, d'ailleurs, de concert avec le cabinet de Vienne, que la convention n'était que *provisoire*, et le cabinet des Tuileries, prenant acte de cette déclaration, répondit qu'il attendrait une solution définitive pour prononcer son jugement.

Cependant, à la fin de 1865 et durant les premiers mois de 1866, le conflit entre la Prusse et l'Allemagne s'accentua de plus en plus dans la diète de Francfort. Tout faisait présager que cette rivalité devait amener une lutte sérieuse.

La France se tenait à l'écart, malgré sa

sympathie pour la cause du Danemark, et
bien que les sollicitations ne lui manqua-
sent pas en faveur de cet Etat. M. Emile Olivier, dans la séance du Corps législatif du
2 mars 1866, relative au vote de l'adresse,
demande « que la France ne s'oppose pas en
ce moment à l'acte de Gastein, mais qu'elle
déclare que, du jour où de « ce provisoire »
on voudra tirer une situation définitive,
elle interviendra armée de la circulaire du
31 janvier 1864[1]. La France se rappellera
alors notre politique séculaire, nos droits,
nos intérêts, et ne considérant que ce que
les traités d'une part, que ce que les exigences politiques de l'autre, lui conseillent, elle
emploiera tous les moyens qui seront nécessaires, qui seront utiles, qui seront légitimes

[1] Le 31 janvier 1864, la Prusse et l'Autriche déclarèrent dans une note, signée par elles, qu'elles s'engageaient à soumettre à l'appréciation des grandes puissances les engagements définitifs qui devraient être
signés pour remplacer le traité de 1852.

pour empêcher que l'iniquité provisoire de Gastein ne devienne, au profit de M. de Bismarck, une iniquité définitive. »

Le lendemain, 3 mars, M. Morin de Malsabrier, député de la Drôme, proposait avec quatre de ses collègues, MM. Piccioni, Gœrg, Haentjens et de Tillancourt, un amendement à l'adresse, par lequel le Corps législatif approuvait le désir du Gouvernement français de voir les populations des duchés de l'Elbe consultées sur leur sort définitif, et les populations danoises rendues au Danemark.

M. Thiers regardait la conduite de la France comme fort peu avisée, celle de la Prusse comme inique, et la guerre qui menaçait l'Europe comme un châtiment de l'injustice commise. « Si la politique de la France, disait-il, prenait trop l'aspect de l'indifférence, elle pourrait amener des événements d'une gravité immense. »

Tout en donnant son assentiment à la neutralité observée par le Gouvernement français, le Corps législatif aurait désiré que
l'expression de la sympathie de la France
pour le droit méconnu et violé fût traduite
dans l'adresse, avec réserve sans doute,
mais par une nuance de langage qui, en af-
firmant les dispositions de la France, eût
peut-être donné aux ambitions impatientes
de la Prusse un avertissement salutaire. Malheureusement, après une longue discussion,
il ne resta dans le texte de l'adresse aucune
trace de la réprobation unanime qu'avaient
soulevées dans la Chambre les injustes con-
voitises de la politique prussienne, et cette
omission fut peut-être un puissant encoura-
gement pour les entreprises de la Prusse.

« Le Danemark, disait M. Thiers, avait
un territoire fertile, qui pouvait convenir à
un voisin avide ; un beau port, celui de Kiel ;
un grand canal, celui de l'Eider, qui peut

réunir deux mers, la Baltique et la mer du Nord ; il avait enfin des sujets qui parlaient la langue allemande, la langue de ses voisins les Prussiens. Grâce à ces conditions réunies, on lui a pris ses beaux duchés : on les lui a pris au nom de la Confédération germanique, au nom — comme il est d'usage de s'exprimer aujourd'hui — au nom de la patrie allemande !... Mais après avoir pris les duchés au nom de la patrie allemande on les a gardés pour soi ; après les avoir pris de moitié avec l'Autriche, on lui a dit : « Laissez-les moi ou je fais la guerre ! » Voilà la question de fait réduite à son terme le plus simple ; et il importe qu'aux yeux de la France et de l'Europe, elle éclate dans toute son évidence. »

Les vues perspicaces de M. Thiers, la présence du prince royal de Danemark, de passage à Paris, où il reçut le meilleur accueil de la cour ne contribuèrent pas à faire sortir l'Empereur de sa politique réservée. Cependant M. de Bismarck, après s'être assuré du concours de l'Italie contre l'Autriche, en signant le traité du 8 avril 1864, « *continuait, avec une perfidie et une impudence consommées*, à protester que les sentiments du roi son maître étaient amicaux pour l'Empereur François-Joseph, et à se plaindre que l'Autriche méditait une attaque sur les possessions prussiennes[1] ».

Au mois de mai 1866, la crise austro-prussienne avait pris un caractère tellement aigu que l'Europe se décida à intervenir. Le 24 mai 1866, l'Autriche, la Prusse et l'Italie reçurent de l'Angleterre et de la Russie l'invitation à un congrès à Paris où se débattraient les questions des duchés, de la réforme fédérale allemande et le différend austro-italien. L'Autriche n'adhéra au congrès qu'à la condition qu'il ne s'agirait d'agran-

[1] Revue d'Édimbourg, octobre 1869.

dissement territorial ni d'augmentation de puissance pour personne (1er juin). Dans ces conditions, la conférence devenait inutile. De son côté, M. de Bismarck s'efforçait de précipiter les coups de façon à ne pas donner à la France le temps d'intervenir avant que la fortune des armes eût prononcé. Le 7 juin, il ordonna l'occupation militaire du Holstein et, dès le 16 du même mois, la guerre austro-prussienne était commencée. Grâce à la neutralité bienveillante de Napoléon III, qui s'était laissé endormir par M. de Bismarck, à Biarritz, la Prusse avait fait la grande Allemagne en même temps qu'elle écrasait l'Autriche le jour de la bataille de Sadowa (4 juillet 1866). L'Autriche vaincue, signa, le 26 juillet 1866, les préliminaires de Nikolsbourg. L'article III des préliminaires de paix était ainsi conçu :

« S. M. l'empereur d'Autriche transfère à S. M. le roi de Prusse tous les droits que la paix de Vienne du 30 octobre 1864 lui avait reconnus sur les duchés de Slesvig et de Holstein, avec cette réserve que les populations des districts du nord Slesvig seront de nouveau réunies au Danemark si elles en expriment le désir par un vote librement émis. »

Les stipulations relatives à la clause du Slesvig-nord étaient dues à l'intervention de la France. Dans l'intervalle qui précéda la signature définitive du traité de paix à Prague, le 23 août 1866, M. de Bismarck paraissait décidé à supprimer des préliminaires l'article III qui avait trait au Slesvig. M. Drouyn de Lhuys, l'ayant appris, avait immédiatement donné ordre à M. Benedetti d'interpeller le ministre prussien sur ses intentions, et M. de Bismarck s'était alors déclaré prêt à respecter les stipulations signées le 26 juillet [1].

[1] J. Hansen, auteur cité.

Le texte de l'article III des préliminaires de Nikolsbourg fut ainsi fidèlement conservé et devint l'article V du traité de Prague.

La conclusion du traité du 23 août 1866 fut le dernier acte du ministère de M. Drouyn de Lhuys. Les idées du ministre des affaires étrangères étaient depuis longtemps en désaccord avec celles de l'empereur des Français sur la politique à suivre à l'égard de l'Allemagne. Après Sadowa, une résolution hardie et virile pouvait encore réparer le mal qui avait été fait. Cette manière de voir était partagée par M. Drouyn de Lhuys, qui, le lendemain de cette bataille, tenait avant tout au fait d'une démonstration militaire. Ses conseils ne furent pas plus écoutés que ne l'avaient été les avertissements donnés par M. Thiers au commencement de l'année et qui depuis sont devenus une triste réalité. Napoléon III scella la première pierre des assises de la grande Prusse ou de l'Allemagne prussienne. Il sacrifia les intérêts éternels et traditionnels de la France aux convenances momentanées de l'Italie.

« M. Drouyn de Lhuys ne voulut point s'incarner au pouvoir dans le laisser-passer laissé à la Prusse en 1866 : c'est l'honneur de cet homme d'Etat devant son pays et l'histoire[1]. » Il céda le portefeuille des affaires étrangères à M. de Moustier (1er septembre 1866).

Quoi qu'il en soit, M. de Bismarck avait tiré parti des sympathies pour le Danemark qu'il avait constatées en France et chez M. Drouyn de Lhuys en particulier. Il avait promis une concession aux Danois pour apaiser les répugnances du ministre des affaires étrangères français, tout comme il s'était servi de la question de la Vénétie

[1] Comte Alfred de la Guéronnière. *La politique nationale.*

pour leurrer Napoléon III. Son but atteint, il ne voulut plus remplir ses engagements.

Dans le discours qu'il prononça, le 20 décembre 1866 à la chambre prussienne, il fit pour ainsi dire des excuses à la face de la nation allemande, pour avoir consenti à insérer dans le traité de Prague le malencontreux article V. Il reconnaissait dans son discours que l'engagement pris en faveur des Danois du Slesvig était dû à l'intervention du Gouvernement français et qu'à ce moment-là il n'eût pas osé conseiller au roi de Prusse de compromettre ses relations avec une grande puissance telle que la France. Et il ajoutait : « Comme les propositions de médiation nous étaient présentées sous forme d'*ultimatum*, je n'ai pas osé remettre en question les avantages acquis, et j'ai conseillé au Roi d'accepter. C'est de cette façon que la chose a été introduite dans le traité de paix. Mais le vague de sa rédaction nous laisse une certaine latitude pour son exécution[1]. »

D'après cet étrange langage, il paraissait dès lors évident que M. de Bismarck était bien résolu à ajourner l'exécution des stipulations concernant le Slesvig-nord jusqu'à ce qu'une occasion lui permît de déchirer le traité en question.

Cependant, en France, on s'était ému du changement introduit en un jour sur les frontières du Rhin. La session de 1867 du Corps législatif venait de s'ouvrir. Il était devenu indispensable qu'une discussion contradictoire mît en pleine lumière la politique extérieure de la France. Le débat sur les affaires étrangères occupa plusieurs séances (du 14 au 18 mars 1867) et eut un éclat extraordinaire à cause des discours

[1] J. Hansen, auteur cité.

qui y furent prononcés[1]. L'importance des questions discutées eut son contre-coup dans le personnel des hautes sphères gouvernementales : elle fut suivie de la démission « d'un honnête homme et homme de cœur », du comte Walewski, président du Corps législatif. Dans un brillant discours, M. Thiers retraça l'histoire entière de la politique française depuis le seizième siècle, opposa la théorie de l'équilibre européen, qui résumait pour lui notre tradition, à la théorie des nationalités, qui avait, suivant lui, égaré le Gouvernement impérial et gravement compromis la France.

L'Exposition universelle de 1867 s'ouvrit au milieu de ces événements et les peuples accoururent au rendez-vous pacifique auquel les conviait la France. Malgré la terrible crise de 1864, le Danemark y figura avec

[1] *Discours* de MM. Thiers, Jules Favre, Emile Olivier et Rouher.

éclat : il obtint 134 récompenses. Et, si l'on considère le nombre des récompenses obtenues par chaque pays, le Danemark arrivait le 16ᵉ sur les 31 pays qui, pendant six mois, exposèrent leurs productions dans l'enceinte du Champ de Mars[1].

Cette fête de la paix faillit être troublée par la question du Luxembourg ; mais le traité du 11 mai 1867[2] écarta momentanément l'orage qui menaçait d'éclater entre la France et la Prusse. Le Luxembourg fut déclaré neutre et le gouvernement prussien retira sa garnison de la cidatelle qui fut démantelée.

Cet incident avait sans doute rappelé à M. de Bismarck l'existence du traité de Prague ; car, le 31 mai, il fit au Danemark les premières ouvertures relatives à l'exécution des

[1] Voir le *Rapport de la commission impériale sur l'Exposition universelle de 1867 à Paris.*

[2] Traité de Londres.

clauses de l'article V. « La question, suivant lui, était pleine de difficultés. Cependant le Gouvernement danois pouvait les lever en indiquant à la Prusse la nature des garanties qu'il se proposait de donner. »

Le comte Frijs de Frijsenborg, ministre des affaires étrangères de Danemark, répondit, le 1er juin, que les garanties qui résultaient pour les Allemands, de la constitution danoise, et celles qui découlaient des traités, lui paraissaient suffisantes, et qu'il s'en référait à l'article du traité de Prague qui ne contenait aucune stipulation spéciale de garanties pour les Allemands du Slesvig du Nord.

M. de Moustier, ministre des affaires étrangères de Napoléon III, essaya, de son côté, de faire aboutir ces nouvelles négociations. Dans ce but, il envoya au chargé d'affaires de France à Berlin, M. Lefèvre de de Béhaine, des instructions pour appuyer les demandes du Danemark. Mais M. de

Bismarck fit comprendre au Gouvernement français qu'il ne consentirait à aucune sorte d'immixtion dans cette affaire. L'empereur Napoléon III tenait au succès de l'Exposition ; il n'insista point. Bientôt se manifesta la fourberie de M. de Bismarck. Dans une dépêche du 23 août M. de Bismarck disait :

« Le traité de Prague n'a créé aucun titre aux populations du Slesvig du Nord. Il ne peut être invoqué que par les contractants. Les garanties demandées par la Prusse tiennent au mode d'exécution de l'article V, et, si elles ne ressortent pas du texte même, encore moins ce texte les exclut-il. D'ailleurs, il est légitime de protéger les minorités, et, en se dessaisissant de ses sujets allemands, Sa Majesté le roi Guillaume doit leur assurer une protection efficace. »

Les pourparlers qui eurent lieu à Berlin à la fin de 1867 ne donnèrent aucun résultat ; les négociations furent ajournées indéfiniment. La France elle-même se vit bientôt obligée de renoncer à toute intervention en faveur des Danois, car elle allait expier les fautes qu'elle avait commises en 1864 et en 1866.

§ II

Guerre de 1870-71. — L'Angleterre se met à la
tête de la ligue des neutres ; dépêches de lord Granville. — La France recherche l'alliance du Danemark ;
importance de cette alliance. — L'influence de l'Angleterre et de la Russie, les défaites de la France
forcent le Danemark à garder la neutralité.

Rien n'était plus naturel que le désir et
l'espoir nourris par Napoléon III d'obtenir
de ses obligés une compensation qui pût
contrebalancer l'immense pouvoir que la
Prusse avait acquis grâce à lui. M. de Bismarck se refusa à toute demande juste et
raisonnable, repoussa systématiquement et
de plein accord, avec le roi Guillaume, toutes
les demandes de la France, même les plus
modérées, et se borna à conseiller, soit par
lui-même, soit par les agents qu'il entretenait partout, de prendre la Belgique. La lutte
diplomatique entre la France et la Prusse

dura jusqu'à la déclaration de guerre ; la France espérait toujours dans l'équité de la Prusse, et M. de Bismarck éconduisait toujours notre diplomatie avec une ironie et une insolence toujours croissantes. Enfin la guerre éclata ; elle fut déclarée au mois de juillet 1870 avec une légèreté incroyable, malgré les paroles patriotiques et les prophétiques avertissements de M. Thiers et de presque toute l'opposition [1].

Le gouvernement français ne pouvait chercher d'alliés sérieux qu'en Danemark, en Italie et en Autriche. Il trouva partout l'Angleterre sur son chemin. Ce fut cette puissance qui se chargea de paralyser toutes les tentatives faites alors par la France pour sortir de l'isolement funeste où elle s'était laissée enfermer.

La négociation avec le Danemark sem-

[1] Eugène Poujade. *La diplomatie du second Empire.*

blait devoir être la plus simple et la plus naturelle. « Nous savions, dit l'amiral Rigault de Genouilly, dans sa déposition[1], que toute la population danoise était pour la France » ; mais la cour était circonvenue et les événements lui commandaient une grande réserve. On la lui conseillait à Londres et à Saint-Pétersbourg ; la Prusse lui laissait entendre que, comme prix de sa neutralité, elle pourrait obtenir un arrangement de l'affaire du Slesvig[2]. On se rappelle la dépêche de lord Granville à lord Lyons, ambassadeur d'Angleterre à Paris, dépêche qui restera fameuse dans les fastes diplomatiques, et de laquelle nous extrayons le passage suivant, concernant le Danemark :

[1] *Rapports sur les actes du Gouvernement de la Défense nationale.*

[2] Albert Sorel. *Histoire diplomatique de la guerre franco-allemande.*

« Foreing-Office, 10 août 1870.

« MYLORD,

. . . .

« Le comte de Bernstorf a aussi appelé mon attention sur le Danemark que la Prusse craint de voir engagé dans cette guerre par la pression de la France; le roi de Danemark désire être soutenu contre cette pression. et le cabinet de Saint-Pétersbourg désirerait faire. de concert avec l'Angleterre, une démarche en commun à Paris, à cette fin. Mais *j'ai rappelé à Son Excellence que je lui avais trois fois suggéré combien il serait désirable que la Prusse enlevât au Danemark, par un arrangement amiable, la tentation de céder aux sollicitations de la France ;* et j'ai ajouté que la semaine dernière j'avais obtenu l'autorisation du cabinet de faire dire au baron Brunow que je serais prêt à me concerter avec lui sur le temps et la ma-

nière de faire une représentation à la France,
pour l'engager à ne pas pousser le Danemark à une politique tellement contraire aux
intérêts de ce pays.

« Je suis, etc.

« *Signé :* GRANVILLE. »

La France essayait en effet d'engager le
Danemark dans une alliance à laquelle se
rattachait un projet de débarquement sur
les côtes de la mer Baltique. « C'était une
entreprise du plus haut intérêt stratégique, »
a dit le général Trochu qui devait être mis
à la tête du corps de débarquement. On
comptait que ce corps s'élèverait à 70,000
hommes. Le Danemark fournirait de son
côté 40,000 hommes[1].

Le vice-amiral Bouët-Villaumez qui, dès
l'année 1867, à l'occasion de l'affaire du
Luxembourg, avait élaboré un projet d'ex-

[1] Général Boulanger. *L'invasion allemande.*

pédition contre les côtes prussiennes, fut nommé au commandement en chef de cette escadre. Il se rendit à Cherbourg et arbora, le 23 juillet, son pavillon sur la *Surveillante*, frégate cuirassée. Le lendemain, il partait dans la direction de la Baltique avec l'escadre d'avant-garde composée de sept frégates cuirassées et d'un aviso. Suivant les ordres reçus par le Gouvernement impérial, il détacha deux de ses navires en vue de Copenhague pour montrer le pavillon français devant la capitale du Danemark.

En même temps, M. le marquis de Cadore, ex-ministre de France à Munich, ancien officier de marine, reçut (à la fin de juillet) une mission spéciale pour Copenhague. Lorsqu'il arriva dans cette capitale, le Danemark avait déclaré sa neutralité (25 juillet), et les influences les plus sérieuses s'employaient pour le maintenir dans cette résolution. Le représentant des Etats-

Unis, M. G.-H. Yeaman, écrivait le 5 août à M. Fish :

« M. de Cadore a sans doute quitté Paris pour un sujet important ; il est arrivé probablement avec des intentions définies. Mais il paraît avoir agi et parlé si peu qu'il y a lieu de supposer qu'il aura trouvé ici son programme changé ou modifié... La publication par le comte de Bismarck des propositions de la France relatives à la Belgique et même la question des duchés pendante entre le Danemark et la Prusse, peuvent avoir fait comprendre au cabinet de Paris qu'un effort sérieux et couronné de succès fait par la France pouvait coûter trop cher, sous la forme d'autres complications. Cela pourrait en effet entraîner l'Angleterre et la Belgique dans la guerre et donner encore une plus grande cause de mécontentement à la Russie... La plupart de mes collègues, selon le désir de leurs propres gouverne-

ments, recommandent activement au Danemark de garder la neutralité. »

Selon un autre rapport de M. G.-H.
Yeaman, « l'opinion publique était complètement hostile à la Prusse ; elle était aussi
belliqueuse que possible, sans pousser
actuellement l'armée et la marine dans le
conflit ».

Quoi qu'il en soit, il est absolument certain que, malgré la pression des grandes
puissances[1], le Danemark attendait, pour
se décider, des victoires de la France. Malheureusement nous étions entrés en campagne avec une infériorité marquée comme
nombre, comme organisation, comme préparatifs et armements. Le ministre de la

---

[1] « Abusée sur ses intérêts, la Russie a même employé toute son influence pour empêcher le Danemark
de se joindre à la France, qui voulait utiliser son territoire pour faire une diversion dans le nord de l'Allemagne à l'aide d'un débarquement. » *Russie et France,*
ouvrage cité.

guerre, le maréchal Lebœuf, assuma une
responsabilité qui pèsera éternellement sur
sa mémoire. Il était plein de confiance :
« Nous avions huit ou dix jours d'avance sur
l'ennemi ; au point de vue militaire, nous
étions absolument prêts. » Rien ne pourrait
donner une idée plus juste de cette confiance aveugle du Maréchal, au début de
cette guerre néfaste, que le récit suivant,
qui m'a été fait par un officier supérieur,
alors sous-lieutenant dans un régiment d'infanterie : « Le jour où nous quittions Paris,
le maréchal Lebœuf se trouvait à notre gare
d'embarquement. Il s'approcha du wagon
où étaient les officiers : « Ayez bon courage, mes amis, nous dit-il, vos peines ne
seront pas de longue durée, c'est une
promenade que vous allez faire à Berlin ;
toutes vos étapes seront semées de fleurs
et de lauriers. »

Aussi, nos défaites du 6 août (Woerth

et Spickeren) furent-elles pour le Danemark, comme pour l'Europe, un prodigieux coup de théâtre. On s'attendait à voir les Français se précipiter sur l'Allemagne ; on les voyait forcés, dès le début de la campagne, à battre en retraite et condamnés à la guerre défensive. Les sympathies naissantes furent étouffées. M. G.-H. Yeaman écrivait le 9 août de Copenhague :

« Le marquis de Cadore n'a pas encore été présenté officiellement au Roi. Il a eu plusieurs entrevues avec le ministre ; mais il est très probable qu'il n'a rien fait. Les victoires sur lesquelles on comptait pour aider la diplomatie française n'ont pas eu lieu. »

Et le 13, le même diplomate mandait à son Gouvernement :

« Le marquis de Cadore est parti hier ; s'il a conclu quelque chose ici, c'est ce que personne ne sait, et la croyance générale est qu'il n'a rien fait. La neutralité du Danemark ne peut plus maintenant être mise en question, à moins que les chances de la guerre ne tournent décidément en faveur de la France[1]. »

Malheureusement la fortune fut favorable aux armées prussiennes. La France dut songer à défendre son territoire : elle abandonna tout projet de débarquement sur les côtes de l'Allemagne. Les Danois se virent contraints de garder la neutralité ; les autres puissances de l'Europe laissèrent écraser la France et montrèrent une joie à peine dissimulée en apprenant nos défaites. Peut-être le jour est-il proche où elles s'apercevront qu'il y avait ailleurs qu'en France de sérieux dangers pour l'équilibre général.

[1] Albert Sorel, *Histoire diplomatique de la guerre franco-allemande.*

CHAPITRE VI

Les Danois n'oublient pas la spoliation injuste de 1864 pas plus que les Français n'oublient le traité de Francfort. Les annexés du
Slesvig sont pour le Danemark ce que les
Alsaciens-Lorrains sont pour la France. A
Flensborg, comme à Strasbourg, le culte du
souvenir se conserve avec la même fidélité

et la même espérance. Danois et Français sont restés amis et alliés après leurs revers : ils ne négligent aucune occasion de manifester leurs mutuelles sympathies.

A peine sortie de la crise effroyable de 1870, la France montra aux autres nations, à l'occasion de l'Exposition universelle de 1878, qu'elle n'avait pas cessé d'être la France toujours puissante par le travail, par son activité créatrice. Le Danemark répondit à son appel et étala ses merveilleux produits au Champ de Mars, qui avait été transformé, comme en 1867, pour recevoir ceux du monde entier.

En 1885, le mariage de la princesse Marie d'Orléans avec le prince Valdemar de Danemark devait encore resserrer les liens étroits qui unissent le Danemark et la France[1].

[1] La princesse *Marie*-Amélie-Françoise-Hélène d'Orléans est née, à Londres, le 13 janvier 1865; le prince Valdemar est né le 27 octobre 1858.

Le mariage civil fut célébré à Paris, le
20 octobre 1885, à 9 heures et demie, à la
mairie du VIIIᵉ arrondissement, rue d'An-
jou, en présence des princes et des princesses de la famille d'Orléans, prince et princesse royale de Danemark, prince de Galles,
comte de Flandre et quelques intimes.

Les témoins de la mariée étaient ses grand-
père maternel et grand-oncle paternel, le
prince de Joinville, vice-amiral, et le duc
d'Aumale général de division, membre de
l'Académie française ; les témoins du marié :
le comte de Moltke-Hwitfeld, chambellan de
Sa Majesté le roi de Danemark, son envoyé
extraordinaire et ministre plénipotentiaire
en France, et le duc Decazes et de Glücks-
berg, ancien ministre, chambellan de Sa
Majesté le roi de Danemark.

Après les formalités d'usage, le maire,
M. Kœchlin-Schwartz unit les deux fiancés au
nom de la loi et leur adressa une chaleu-

reuse allocution dans laquelle il rappela la vieille et constante amitié qui unit le Danemark à la France.

Le maire fit, avec beaucoup de délicatesse, l'éloge de la famille royale de Danemark et parla de ses alliances avec toutes les grandes nations [1]. Et, se tournant vers la jeune princesse Marie :

« Allez avec joie, Madame, dans ce beau pays de Danemark ; vous y serez accueillie

---

[1] Le roi de Danemark Christian IX a six enfants :

1º Le Prince royal de Danemark a épousé la princesse royale *Louise*-Joséphine-Eugénie, fille de feu Charles XV, roi de Suède et de Norvège ;

2º La Princesse *Alexandra*-Caroline-Marie-Charlotte est mariée au prince de Galles ;

3º Le Prince Chrétien-*Guillaume*-Ferdinand, roi des Hellènes (avec le titre de Georges Iᵉʳ), a épousé la grande duchesse de Russie *Olga*-Constantinova ;

4º La Princesse Marie-Sophie-Frédérique *Dagmar* (à présent impératrice *Maria*-Féodorovna) est mariée à l'empereur de Russie Alexandre III ;

5º La Princesse *Thyra*-Amélie-Caroline-Charlotte-Anne a épousé le duc de Cumberland ;

6º Le Prince *Valdemar*.

comme dans une autre France, aimée, entourée de l'affection de votre nouvelle famille et du peuple danois. Cependant je ne vous dis pas adieu, Madame, je vous dis au revoir, car je suis sûr qu'au milieu des sympathies que vous trouverez là-bas, vous n'oublierez jamais la France. »

Le jour même du mariage civil, à une heure vingt minutes, un train spécial emmenait les jeunes époux et les princes et princesses à Eu, où devait être célébré, le surlendemain, le mariage religieux.

Le 22 octobre, à une heure et demie, le cortège royal descendait l'escalier d'honneur et traversait la galerie du château dans toute sa longueur pour se rendre à la chapelle : S. A. R. le duc de Chartres portant le grand-cordon bleu danois, conduisait S. A. R. la princesse Marie dont la blanche toilette était complétée par un voile de dentelle, attaché sur la tête, à l'espagnole.

S. A. R. le prince Valdemar, en tenue d'officier général danois, donnait le bras à S. M. la reine de Danemark, sa mère. Ensuite S. A. R. le prince royal de Danemark avec S. A. R. la duchesse de Chartres, en splendide toilette de satin blanc à fleurs d'or, entourée de martre-zibeline et relevée sur une jupe marron.

Monsieur le comte de Paris, portant le grand-cordon bleu de Danemark, conduisait S. A. R. la princesse de Galles.

Après eux, LL. AA. II. et RR. :

Le prince de Joinville avec la duchesse de Cumberland ;

Le grand-duc Alexis de Russie avec la princesse Marguerite d'Orléans ;

Le prince Henri d'Orléans avec la princesse royale de Danemark ;

Le duc de Penthièvre avec Madame la comtesse de Paris, en velours grenat ; la

petite princesse Louise donnait la main à
sa mère;

Le prince George d'Angleterre avec la duchesse Auguste de Cobourg, née princesse
Clémentine d'Orléans;

Le duc de Nemours avec la princesse
Louise de Galles;

Le duc d'Aumale, portant le grand-cordon
de la Légion d'honneur, et la princesse Vic-
toria de Galles;

Le duc de Montpensier et la princesse
Marguerite de Galles;

Le duc d'Alençon et la duchesse de
Montpensier;

Le comte de Flandre et la princesse Philippe de Cobourg, née princesse de Belgique;

Le duc Philippe de Cobourg et la princesse Blanche d'Orléans;

Le duc Ferdinand de Cobourg et la princesse Amélie d'Orléans;

Le duc Antoine d'Orléans et la princesse

Hélène avec le petit prince Jean d'Orléans.

A une heure et demie précise, la cérémonie religieuse commençait. Une faible partie du cortège trouva place dans la chapelle trop petite pour recevoir tous les invités.

Mgr d'Hulst, grand vicaire de Paris, assisté du doyen d'Eu et de l'abbé de Beauvais, attendait à l'autel. Avant de bénir les mariés, il prononça une brillante allocution de laquelle nous citerons le passage suivant :

« Heureuse union, qui prend le ciel pour témoin, et qui, sur la terre, en rapprochant deux jeunes destinées, resserre aussi l'amitié de deux peuples. Entre la France et le Danemark, le passé avait formé plus d'un lien. Sans remonter aux âges lointains, le commencement de ce siècle avait vu la nation danoise payer par des souffrances héroïquement supportées sa fidélité à l'alliance française. En des temps plus voisins de nous, elle a connu de nouveau les rigueurs d'un sort qui devait sitôt après devenir aussi le nôtre, celui qui accable le droit sous la force, mais qui n'empêche pas l'âme d'un peuple de survivre à sa fortune détruite, puis de la refaire après avoir sauvé son honneur..... l'union qui va se sceller ici continue et embellit la tradition brillante des alliances danoises. »

Après la cérémonie, le cortège se reforma dans le même ordre, seulement le prince Valdemar donnait le bras à la princesse Marie, sa femme, et le duc de Chartres conduisait la reine de Danemark.

La princesse Marie tenait à la main un superbe bouquet blanc, qui lui avait été adressé par les officiers du 12ᵉ régiment de chasseurs à Rouen, dont le duc de Chartres avait été le colonel [1].

---

[1] Le duc de Chartres, colonel du 12ᵉ chasseurs à Rouen, se vit retirer son commandement, en 1883, par le gouvernement français.

Le cortège traversa de nouveau la grande galerie au milieu des invités rangés sur son passage et se rendit dans le salon d'honneur pour la cérémonie protestante.

M. le pasteur Jeanssens, chapelain de la reine de Danemark, unit, selon le rite protestant, le fils de sa souveraine à la princesse Marie [1].

Tandis que ces fêtes avaient lieu au château d'Eu, le roi de Danemark, Christian IX, donnait un grand dîner au château de Fredensborg, en honneur du mariage du prince Valdemar.

A Copenhague, toutes les fenêtres étaient pavoisées de drapeaux et les maisons illuminées. Les habitants de la ville d'Elseneur organisèrent une magnifique retraite aux flambeaux qui se rendit jusqu'à Fredens-

[1] Voir dans le *Gaulois* du 23 octobre 1885 l'article de M. de la Brière et les numéros (22 et 23 octobre) du *Soleil* et du *Figaro*.

borg, où elle défila devant la résidence royale.

A l'égard de leurs vainqueurs, les Danois, depuis 1864, ont toujours su garder une attitude digne et froide. Au mois de janvier 1879, l'annonce faite à Berlin que l'Autriche avait accédé à l'abrogation de l'article V du traité de Prague, se répandit en Europe. Cette nouvelle injustice avait été commise à la fin de l'année précédente. Le traité de Vienne, du 11 octobre 1878, conclu entre la Prusse et l'Autriche, abrogeait définitivement cet article inexécuté, depuis 13 ans, et qui réservait aux populations du Slesvig du Nord le droit de se prononcer par la voix plébiscitaire sur leur annexion à l'empire germanique [1].

---

[1] Le traité de Vienne du 11 octobre 1878 a été ratifié le 11 janvier 1879. Voir le nouveau *Recueil général des traités* (continuation du recueil de Martens).

Le silence observé à ce sujet à Copenhague et le voyage à Berlin du roi et de la reine de Danemark, au mois de décembre 1878, donnèrent lieu de supposer, mais cela bien à tort, que « le Danemark se soumettait complètement à un état de choses qu'il se déclarait absolument impuissant à modifier désormais [1]. » A cette nouvelle, en effet, l'esprit national danois fut violemment soulevé. Mais le public comprit que toute protestation serait inutile ; et, quoique la discussion sur la politique étrangère du Gouvernement eut lieu porte close, il en transpira assez au dehors pour montrer qu'un silence plein de dignité était généralement approuvé comme convenant le mieux à la situation [2].

La confiance de l'opinion publique fut

[1] Edmond Hippeau. *Histoire diplomatique de la troisième République*, 1870-1889.

[2] André Daniel. *L'Année politique*, 1879 : *The annual Register*, 1879 (New Series).

également surprise, à la fin de 1888, par les informations émanant de certaines feuilles étrangères qui assuraient que l'empereur d'Allemagne, Guillaume II, avait obtenu du Danemark, au cours de son voyage à Copenhague, le 30 juillet 1888, la promesse d'une complète neutralité en cas de guerre européenne.

Ces informations sont tout à fait erronées. La réception du nouvel empereur d'Allemagne a été très courte et très froide ; le roi Christian, ce noble prince, ce patriote pur, n'a nullement renoncé aux légitimes espérances de son peuple.

Le fait suivant, qui est tout récent, montre que le Danemark n'a pas oublié. Tandis qu'on fêtait à Berlin, le 18 avril dernier, l'anniversaire de la bataille de Düppel, on célébrait dans tout le royaume de Danemark des services funèbres en mémoire des soldats morts pour la patrie.

A Copenhague, en présence du roi et des ministres, M. Frausen, prédicateur de la cour, officiant pour cet anniversaire, termina son sermon par ces paroles :

« Que Dieu, après les épreuves qu'a subies le peuple danois, accorde la résurrection et permette que se réalise notre espoir de voir la terre détachée s'unir de nouveau à la nôtre ! »

Il est donc certain que la question restera vivace ; « elle sera entretenue, dit M. Hansen, jusqu'au triomphe du droit, par la ténacité native et le patriotisme robuste qui caractérisent la race scandinave, dont un des plus vaillants rejetons a peuplé le Slesvig du Nord. »

L'ordonnance de 1888 concernant l'enseignement donné dans les écoles de la partie septentrionale du Slesvig, et rendant obligatoire la langue allemande, l'introduction de fonctionnaires allemands, le service mili-

taire dans l'armée allemande, en un mot
« toutes les ressources d'une savante oppres-
sion que M. de Bismarck s'entend si bien à
manier ne suffiront pas pour vaincre la
résistance de ces populations [1] ».

[1] J. Hansen, auteur cité.

RUSSIE ET FRANCE

RUSSIE ET FRANCE

CHAPITRE I

RUSSIE ET FRANCE AU XVIIIe SIÈCLE

Russie et France au commencement du XVIIIe siècle.
— Le tsar Pierre le Grand à Paris; il propose à la
France l'alliance de la Russie. — La tsarine Catherine. — L'impératrice Elisabeth et la guerre de Sept
ans. — L'impératrice Catherine II et les écrivains
français. — La neutralité armée (1780). — L'empereur Paul Ier et la Révolution française; il se re-
tire de la coalition et devient l'allié de la France.

Entrée depuis deux siècles seulement dans
la vie européenne, la Russie a fait sentir dès
le premier jour, dans le continent, son influence politique et a occupé promptemeut
une vaste place dans les négociations diplomatiques. C'est au commencement du

xviiie siècle, en 1718, que la France entretint, pour la première fois, un ambassadeur et un consul en Russie. Le souverain de cette grande puissance était alors le tsar Pierre le Grand. Ce prince avait créé tout seul une armée, une marine, un gouvernement, des ports, des canaux, des écoles, des manufactures. En 1697, il avait visité l'Allemagne, la Hollande et l'Angleterre, pour y apprendre lui-même les arts qu'il voulait importer dans ses Etats. En 1717, on apprit soudain qu'il allait visiter Paris.

La France se trouvait alors engagée dans l'alliance anglaise[1]. Le Tsar venait en personne proposer son amitié à la France. Il arriva le 7 mai 1717. Le Maréchal de Tessé avait été envoyé au-devant de lui jusqu'à Beaumont-sur-Oise ; ce fut le maréchal qui le conduisit au Louvre, puis de là à l'hôtel Lesdiguières, qui avait été choisi pour la

[1] Triple alliance de la Haye, signée le 4 janvier 1717.

demeure du Tsar : on plaça dans son hôtel cinquante hommes des gardes-françaises des plus beaux et des mieux choisis ; huit gardes-du-corps et un exempt devaient partout l'accompagner. La maison du Roi fixa à 4,000 livres par jour la seule dépense de sa table.

Le Tsar se montra très fier sur l'étiquette des rois ; il ne bougea point de son hôtel que le régent ne l'eût visité ; il n'alla point chez le roi Louis XV, il l'attendit, et quand il vit le gracieux enfant, Pierre Ier descendit de son appartement jusqu'au carrosse du roi, il le prit dans ses bras, le combla de caresses, et le porta lui-même jusqu'à son appartement ; la conversation fut courte, mais très caressante : l'enfant royal avait été fort instruit sur ce qu'il devait dire, et il s'en tira avec beaucoup de grâce ; le Tsar répéta. avec une tristesse qui prenait sa source dans la crainte de ne point finir son grand œuvre : « Sire,

vous commencez votre règne et je finis le
mien. » Louis XV, avec un sourire charmant,
lui répondit : « Sire, vous n'avez pas de
cheveux blancs, comme j'en ai vu à mon
aïeul Louis XIV, vous vivrez longtemps
encore. » Le Tsar ne quitta pas le jeune
prince, il le prit dans ses bras pour le des-
cendre jusqu'à son carrosse, et le baisa plus
tendrement que jamais. Ce fut une entrevue
touchante. Louis XV se la rappelait encore
dans sa vieillesse.

La cour fut brillante, mais le Tsar sem-
bla la dédaigner ; son activité brûlante ne
s'appliquait qu'aux choses utiles : il visita
les monuments, les manufactures, l'arsenal,
l'Hôtel des Invalides, et ce fut surtout pour
les institutions militaires qu'il manifesta
son admiration. A la Monnaie, une médaille
tomba à ses pieds, frappée à son effigie,
avec la date du jour de sa mémorable visite ;
chez le duc d'Antin, il trouva au dessert

sur une magnifique tenture, son portrait en pied [1]......

Le Tsar posa nettement ses propositions d'alliance. Elles furent discutées entre ses ministres et les maréchaux d'Huxelles et de Tessé de la part du Régent : « La Suède est tombée ; la Russie a pris sa place en Europe : que la France accorde à la Russie les subsides qu'elle donnait à la Suède et qu'elle garantisse à la Russie ses conquêtes de la Baltique ; la Russie garantira à la France les traités d'Utrecht et de Bade et lui assurera, avec son alliance, celle de la Pologne et de la Prusse. La France n'aura plus rien à redouter de l'Autriche ; quant à l'Angleterre, le Tsar ne demande point que la France rompe ses engagements avec elle ; mais si, plus tard, une rupture arrivait la

[1] Le *Mercure de France de 1717* ; Capefigue, *Philippe d'Orléans*.

Russie suffirait pour tenir lieu à la France de l'Angleterre comme de la Suède[1].

Le Régent avait été plus embarrassé que satisfait et du voyage, et des propositions du Tsar : il craignait surtout de donner de l'ombrage à l'Angleterre ; et « la diplomatie de Dubois n'était pas faite pour comprendre l'importance du rôle que la Russie était appelée à jouer : le Tsar ne put obtenir qu'un traité de commerce[2] ». Il n'avait pas attendu l'issue des négociations qui traînaient en langueur. Il avait quitté Paris le 21 juin.

La Russie fit encore, sous le règne de Louis XV, une tentative pour s'allier à la France, mais ce nouvel effort échoua comme le précédent. A la mort de Pierre le Grand, 8 juin 1725, sa veuve, la tsarine Catherine lui succéda et fit offrir au roi de France sa

[1] Henri Martin. *Histoire de France.*

[2] Th. Lavallée. *Histoire des Français.*

seconde fille qui fut plus tard la tsarine Élisabeth ; la princesse russe eût embrassé le catholicisme, et la Russie eût mis ses forces à la disposition de la France en cas de guerre européenne. Malheureusement le duc de Bourbon, devenu premier ministre à la mort de Philippe d'Orléans, subissait l'influence de Mᵐᵉ de Prie, qui était pensionnée par l'Angleterre. Mᵐᵉ de Prie cherchait une reine qui lui dût tout, n'eût d'appui ni en France, ni au dehors et dont le caractère promît reconnaissance et docilité.

On repoussa les offres de la Russie[1].

« Élisabeth devenue impératrice de Russie hérita des sympathies qui avaient attiré un moment son père vers la France[2]. » Sous le règne de cette princesse, la Russie

---

[1] Louis XV épousa, le 4 septembre 1725, Marie Leczinska fille de Stanislas Leczinski, roi déchu du trône de Pologne.

[2] Léonce Pingaud. *Les Français en Russie et les Russes en France.*

commença à prendre une place considérable
dans l'équilibre européen et combattit avec
nous contre la Prusse, durant la guerre de
Sept ans. Mais en 1762 la tsarine Élisabeth
mourut et le duc de Holstein-Gottorp, qui
lui succéda sous le nom de Pierre III, était
le grand admirateur du roi de Prusse, Frédéric II. La Russie ne tarda point à se retirer de la lutte et à déclarer sa neutralité.

Le règne de Pierre III fut de courte durée : il périt assassiné, le 14 juillet 1762. La
tsarine Catherine d'Anhalt-Zerbst qu'il avait
épousée, en 1745, se fit proclamer impératrice sous le titre de Catherine II. Cette princesse qui devait laisser la Russie plus puissante qu'elle ne l'avait jamais été, aimait
volontiers à s'entourer d'une cour européenne. Elle entretenait une correspondance
coquette avec Voltaire, d'Alembert, Grimm
et Diderot et traduisit elle-même le Bélisaire
de Marmontel. Sous son règne, la Russie

n'intervint qu'une fois sérieusement dans les affaires de l'Europe occidentale : en 1780, lors de la guerre d'Amérique, elle se mit, contre l'Angleterre, notre ennemie, à la tête de *la neutralité armée*, à laquelle adhérèrent successivement le Danemark, la Suède, la Prusse, le Portugal et la Hollande[1]. Catherine II mourut en 1796 ; son fils Paul Ier lui succéda au trône de Russie.

Le nouvel Empereur ne put rester indifférent au milieu de l'émoi où la Révolution française avait jeté l'Europe monarchique. Il entra dans la coalition contre la France. Mais bientôt il reconnut que, sous prétexte de combattre pour rétablir sur leur trône les princes dépossédés par la Révolution française, la Russie avait joué un rôle de dupe à la suite de la politique austro-anglaise. Il avait été également très touché des procédés du Premier Consul. Pendant

---

[1] Voir page 44.

l'armistice de 1800, Bonaparte lui avait rendu sans condition les 7,000 prisonniers russes qui restaient en France et qui n'avaient pu être compris dans les échanges parce que la Russie n'avait pas de prisonniers à restituer. « Le Premier Consul les fit armer et équiper aux couleurs de leur souverain : il leur rendit même leurs officiers, leurs drapeaux et leurs armes. Il écrivit ensuite une lettre au comte de Panin, ministre des affaires étrangères à Saint-Pétersbourg, pour lui dire que l'Autriche et l'Angleterre n'ayant pas voulu procurer leur liberté aux soldats du Tsar, qui étaient devenus prisonniers en servant la cause de ces puissances, le Premier Consul ne voulait pas détenir indéfiniment ces braves gens, et qu'il les renvoyait sans condition à l'Empereur ; que c'était de sa part un témoignage de considération pour l'armée russe, armée que les Français avaient appris à connaître et à estimer sur les champs de bataille[1]. »

Paul Ier, épris d'admiration pour Bonaparte, devint l'ami et l'allié de la France et prépara ainsi les traités de Lunéville et d'Amiens. Malheureusement, il périt assassiné en mars 1801, au moment où le Premier Consul espérait tirer parti de la réconciliation de la France et de la Russie.

[1] Thiers, auteur cité.

CHAPITRE II

L'Empereur Alexandre Ier, après avoir combattu les armées françaises, signe le traité de Tilsitt (8 juillet 1807) et devient l'allié de Napoléon Ier. — Rupture de l'alliance franco-russe; campagne de 1812, retraite de l'armée française. — Bataille de Leipzig; campagne de France. — L'empereur Nicolas; les flottes russe, française et anglaise à la bataille de Navarin. — Napoléon III sacrifie l'alliance russe. — Guerre de Crimée; échange de sympathies entre officiers russes et officiers français. — La paix de 1856 rapproche la France de la Russie, mais la question polonaise refroidit les relations des cours de Paris et de Saint-Pétersbourg. — La Russie observe une neutralité bienveillante à l'égard de l'Allemagne pendant la guerre de 1870-71. — Aujourd'hui, la Russie n'a aucun antagonisme d'intérêts avec la France; relations entre les deux pays. — L'intervention de la Russie, en 1875, empêche l'Allemagne de déclarer la guerre à la France. — L'emprunt russe. — L'incident Atchinoff; interpellation de M. Hubbard, député, au sujet du bombardement de Segallo ; ordre du jour à l'adresse de la Russie, voté à l'unanimité par les membres de la Chambre des députés. — L'incident de Segallo n'a pas troublé les bonnes relations qui existent entre la France et la Russie. — Voyage de l'empereur Alexandre III à Berlin (11 octobre 1889) ; la Russie entend conserver sa liberté d'action pour le jour où la paix serait menacée.

L'empereur Alexandre Ier ne suivit point la politique de son prédécesseur ; il s'allia à l'Autriche dans sa lutte contre Napoléon Ier et partagea avec elle la défaite d'Austerlitz. Lorsque l'Autriche eut signé le traité de Presbourg (1806), il continua la guerre d'accord avec la Prusse. Mais après les défaites d'Eylau et de Friedland, il dut signer la paix de Tilsitt, le 8 juillet 1807, et devint l'allié de Napoléon Ier.

Quels souvenirs éveille Tilsitt ! On se rappelle les grands projets qu'avaient formés les deux Empereurs. Malheureusement l'alliance franco-russe devait être de courte durée.

L'empereur Alexandre ne voulut pas adhérer
complètement aux exigences de Napoléon
relativement au blocus continental. Et l'empereur des Français, pensant qu'il viendrait
à bout de la Russie comme du reste de l'Europe, entreprit la funeste campagne de 1812.
Lorsque la plus puissante armée qui ait
peut-être existé eut expiré dans les horreurs
du froid et de la faim, Napoléon fut obligé
de lutter à Leipzig contre les armées d'une
nouvelle et puissante coalition. A la suite de
cette bataille, qui ouvrit aux alliés la porte
de la France, les armées russes suivirent les
nôtres presque sous les murs de Paris, où elles
pénétrèrent. On se rappelle l'accueil bien-
veillant de l'empereur de Russie à la députation parisienne le lendemain de la capitulation
de Paris. Les préfets de la Seine et de police,
plusieurs membres du conseil municipal,
le chef d'état-major Allent et deux adjudants-
commandants de la garde nationale, Tour-

ton et Alexandre de Laborde s'étaient rendus au château de Bondy, où se trouvait l'empereur de Russie, afin de régler avec lui les détails de l'entrée des souverains, du logement et de la nourriture de leurs troupes, et de la police de la ville. « Napoléon, dit l'empereur de Russie, a envahi mes États sans aucun motif, et ce n'est que par un juste arrêt de la Providence que je me trouve sous les murs de Paris. J'espère n'avoir pas d'ennemis dans cette ville; et dans le reste de la France je n'en ai qu'un seul. »

Le baron Thibon réclama une sauvegarde pour la Banque de France. « Cela n'est pas nécessaire, reprit Alexandre, avec une certaine solennité, puisque je prends la ville entière sous ma protection. » Les députés obtinrent tout ce qu'ils demandaient, la conservation des musées et des monuments publics, le respect des citoyens et des habitations particulières, le maintien de la garde nationale et de la gendarmerie. Sur plus d'un point même, l'Empereur alla au-devant de désirs qu'on n'aurait pas osé formuler. Il assura que les soldats ne logeraient pas chez les habitants et que la ville de Paris aurait seulement à pourvoir à l'approvisionnement des troupes. [1]

L'empereur Alexandre, qui « avait voulu conserver Paris à la France et au monde [2] », s'opposa également au démembrement de la France. En 1815, lord Castlereagh écrivait : « La difficulté est de faire garder quelque mesure aux Prussiens et à Blücher, » et Wellington ajoutait : « Ils ressemblent à des gens qui ayant pris un gâteau, veulent à la fois le garder et le manger. » Lorsqu'il s'agit d'ouvrir les négociations qui aboutirent au traité de Paris, tous les généraux, tous

[1] Henri Houssaye, 1814.
[2] Relation d'Orlow. *Archives topographiques de Saint-Pétersbourg.*

12.

les hommes d'Etat allemands poursuivirent les alliés de leurs demandes. Le chevalier de Hardenberg écrivait dans un mémoire : « qu'il fallait enlever à la France toutes ses places fortes » ; le comte de Munster, ministre du roi de Hanovre, « réclamait le Jura, les Vosges et les Ardennes ». Le comte Wintzingerode, ministre de Wurtemberg, disait : « L'Alsace et la Lorraine doivent être revendiquées comme indispensables à la sécurité de l'Allemagne. » Enfin, pour quelques diplomates, ces demandes mêmes n'étaient pas suffisantes, la France devait encore être dépouillée de la Bourgogne et des pays qui forment aujourd'hui le département du Nord. La Russie et l'Angleterre firent taire ces prétentions. [1]

En 1818, au congrès d'Aix-la-Chapelle, l'empereur Alexandre fit réduire

[1] Voir : Amédée Le Faure, *Histoire de la guerre franco-allemande 1870-71.*

l'énorme contribution qui avait été imposée à la France et hâta la libération de son territoire.

Alexandre Ier mourut en 1825. Sous son successeur, Nicolas, le traité de Londres unit la Russie, la France et l'Angleterre contre la Turquie[1]. Le gouvernement de la Restauration avait posé les bases de l'alliance russe : elles furent écartées avec lui ; le gouvernement du second Empire sacrifia tout à fait cette alliance. « La guerre de Crimée (1854) a été une faute couverte de gloire, mais cependant une faute... Il ne convenait pas à la France d'amoindrir les forces maritimes russes en servant l'intérêt de l'Angleterre, qui n'a jamais été une alliée sur laquelle nous puissions compter[2]. »

Toutefois, les Russes parlent aujourd'hui avec orgueil et sans amertume de la guerre

[1] Bataille de Navarin (20 octobre 1827).
[2] Emile de Girardin. *L'Empereur Napoléon III.*

de Crimée. Cette guerre, comme celle de 1807, fut entrecoupée par des démonstrations courtoises, attestant chez les Russes, avec un certain étonnement d'avoir à verser le sang français, le désir de relations constamment amicales. Un contemporain raconte avoir vu à Kœnigsberg, en 1807, un Russe et un Français blessés étendus côte à côte ; le premier, se soulevant avec effort, détacha la couverture roulée autour de son corps, et la jeta à son ennemi mourant, en lui disant : *Na Franzos* (tiens Français !)[1]. Voilà l'image de deux armées épuisées, qu'aucune haine héréditaire n'a poussées l'une contre l'autre et qui, l'ivresse du combat passée, savent se plaindre et se tendre la main[2].

Les Français, qui ne s'étaient pas trouvés

[1] Lettres de Ney et de Murat dans Colbert-Chabanais. *Traditions et Souvenirs.*

[2] Léonce Pingaud. *Les Français en Russie et les Russes en France.*

en face des Russes depuis 1815, emportè-
rent de Crimée une haute idée de leur valeur
militaire : et ce grand duel, si honorable pour
les deux parties, créa entre les officiers des
deux armées des liens d'estime et de sympathie[1]. Que l'on compare, à cet égard, la guerre
de 1855 à celle de 1870 !

La paix signée à Paris, en 1856, rapprocha
de nouveau la France et la Russie. Il ne restait pas la moindre trace de haine entre les
deux peuples qui venaient de se combattre.
Napoléon III et l'empereur Nicolas parurent
animés l'un pour l'autre des meilleurs sentiments. Cette situation favorable se prolongea
quelque temps et servit beaucoup à la France
pendant la guerre d'Italie. Malheureusement,
la question polonaise, réveillée par les événements de 1863, vint jeter le trouble dans
ces bons rapports, et fut la cause de grandes
difficultés pour le Gouvernement français

[1] Clovis Lamarre. *La Russie.*

dans ses relations avec le gouvernement de l'empereur Alexandre II qui avait succédé, en 1855, à Nicolas Ier [1].

L'appui moral que la France prêta à l'insurrection polonaise, le traité de Paris de 1856, devaient déterminer la Russie à observer une neutralité bienveillante à l'égard de l'Allemagne pendant la guerre de 1870-71. Mais, maintenant, aucun antagonisme d'intérêt ne sépare la France de la Russie [2], et la Russie comprend plus que jamais que l'équilibre européen repose sur « une France grande et forte ». Cela suffit pour expliquer les mutuelles sympathies des deux pays.

En 1875, la France se relevait trop vite, au gré de M. de Bismarck ; ses forces augmentaient rapidement avec ses espérances. La *Post*, journal ministériel de Berlin, jetait le cri d'alarme. Elle signalait comme un

[1] De Chaudordy. *La France à l'extérieur.*
[2] La Russie a déchiré le traité de 1856.

péril urgent la loi des cadres récemment
votée à Versailles, et estimait que les mesures de réorganisation de l'armée française
présentaient par elles-mêmes un caractère
inquiétant[1].

Voici, d'après le *Times*, quel était le plan
de M. de Bismarck : « Entrer en France,
investir Paris par une marche rapide, prendre position sur le plateau d'Avron, imposer
un nouveau traité restituant Belfort à l'Allemagne et limitant le chiffre de l'armée active,
exiger une nouvelle contribution de 10 milliards payable en 20 ans, avec intérêt à
5 p. 100 et sans anticipation de paiement.
Paris ne serait attaqué qu'au cas où la France
refuserait de se soumettre à ces conditions. »

Ce n'était pas une vaine menace ; on appre-
nait à Paris, dit M. Hippeau[2], que des con-

---

[1] André Daniel. *L'année politique*, 1875.

[2] Edmond Hippeau. *Histoire diplomatique de la troisième République*, 1870-1889.

vois d'armes, de munitions, d'approvisionnements et de matériel de guerre étaient
alors dirigés en toute hâte vers le Rhin et
sur notre frontière des Vosges. Les pa-
trouilles allemandes poussaient des recon-
naissances sous le canon de Belfort. Le
gouvernement du maréchal de Mac-Mahon
s'attendait de jour en jour à l'agression sans
déclaration de guerre et sans ultimatum...
Aucune communication diplomatique n'avait
été reçue ; cependant le prince de Hohen-
lohe, interrogé, s'était borné à répondre en
termes vagues qu'il savait qu'à Berlin « on
était mécontent de la création du 4ᵉ bataill-
lon dont les régiments français venaient
d'être augmentés ». Il ajoutait qu'il ne
savait rien de la probabilité d'une guerre, qui
troublait tous les esprits. Ce n'est que plusieurs semaines après qu'il déclara officiellement au ministre des affaires étrangères
de la part de son gouvernement que les ar-

mements de la France préoccupaient l'Allemagne et qu'il était chargé d'obtenir des explications à ce sujet[1].

« L'Allemagne, dit le *Times*, était troublée par la conscience de n'avoir qu'à moitié écrasé son ennemi et de ne pouvoir se défendre qu'à la condition de dormir toujours un œil ouvert. Ce qui, exécuté promptement aujourd'hui, coûterait seulement un sacrifice insignifiant, coûterait, dans deux ans, une mer de sang, rien que pour remporter des victoires douteuses. »

Heureusement, l'intervention de la Russie et de l'Angleterre conjura le malheur qui menaçait l'Europe. M. de Bismarck déclara alors que les projets d'agression dont la presse avait fait tant de bruit lui étaient complètement étrangers et que toute

[1] J. Hansen, *Les Coulisses diplomatiques.*

13

cette panique était l'œuvre des boursiers et des ultramontains [1].

La visite de l'empereur Alexandre II à Berlin, qui eut lieu le 10 mai, dissipa promptement toutes les rumeurs sinistres.

En 1880, le chancelier allemand était de nouveau à la guerre; il voulait profiter de l'alliance qu'il venait de conclure avec l'Autriche contre la Russie. Les hésitations de l'Autriche, les répugnances de l'empereur Guillaume Ier à attaquer son neveu, les incertitudes du résultat d'une conflagration européenne empêchèrent une guerre générale qui paraissait imminente.

Ainsi la France et la Russie ont pu continuer à se fortifier. Libres de tout engagement, les deux grandes races slave et française, incontestablement faites pour se comprendre et s'entendre, agissent au mieux

[1] Edmond Hippeau, auteur cité.

de leurs intérêts, chaque fois qu'elles en trouvent l'occasion.

La réussite de l'emprunt que le Gouvernement russe a émis, en décembre 1888, et qui a été dix fois couvert, est un symptôme des plus caractéristiques [1]. Les souscripteurs français n'ont pas cherché uniquement, dans cette participation financière, l'occasion d'un placement avantageux, mais aussi une démonstration sympathique en faveur de la Russie.

Un organe de la presse russe, le *Nouveau Temps*, se montre satisfait des résultats de cet emprunt et, suivant lui, ce dernier fait ouvre de nouveaux horizons. La force de la Russie en hommes, ajoute-t-il, et la force de la France en argent constitueront un facteur politique tel que les Allemands y casseront leurs fortes dents, malgré le se-

[1] Le Gouvernement russe demandait à emprunter 500 millions.

cours de leurs alliés autrichiens et italiens. »

Toutefois il est regrettable que l'incident Atchinoff soit venu surprendre les deux pays. La presse française fut prompte à s'émouvoir en apprenant la nouvelle du bombardement de Segallo. Aussi un membre de la Chambre des députés, M. Hubbard, dans le but de mettre un terme aux commentaires excessifs dont cet événement douloureux pouvait être l'objet, adressa-t-il, dans une séance de la Chambre des députés, à M. Spuller, ministre des affaires étrangères, une question transformée en interpellation au sujet du bombardement de Segallo[1]. « La nation et le Gouvernement russes, déclara le ministre français, sont nos amis ; ils nous ont donné plusieurs fois des témoignages dont nous ne cessons de leur marquer notre reconnaissance. Nous

---

[1] Voir le compte rendu de la *séance de la Chambre des députés du* 28 *février* 1889.

avons, nous aussi, la plus vive sympathie pour cette nation et pour ce Gouvernement, et il est tout naturel que les membres de la Chambre des députés saisissent cette occasion pour exprimer une fois de plus un sentiment qui nous est commun à tous. »

Les députés furent tous d'accord. Tous s'associèrent dans un vote unanime. L'ordre du jour suivant, proposé par M. Gerville-Réache, fut adopté à l'unanimité : « La Chambre, s'associant aux sentiments de sympathie pour la Russie exprimés par le Gouvernement, passe à l'ordre du jour. »

« La façon dont se termina ce débat contribuera, dit *le Nord* [1], à atténuer l'impression fàcheuse que le peuple russe avait ressentie en apprenant le bombardement de Segallo. » Mais cet incident ne devait à aucun degré troubler les bonnes relations qui

[1] Journal russe, organe autorisé du cabinet de Saint-Pétersbourg.

existent entre la Russie et la France. « Il existe, dit *la Grajdanine*, entre la France et la Russie un lien politique bien déterminé sur lequel ne saurait influer aucun incident du genre de celui de Segallo : car, si la France et la Russie, qui ne méditent ni revanche ni plans agressifs, venaient à être attaquées, un intérêt commun de préservation personnelle les obligerait à se soutenir toujours réciproquement, sans tenir compte de la différence de leur organisation politique. »

En effet, malgré l'incident de Segallo, la Russie continue à témoigner ses sentiments d'amitié à l'égard de la nation française « dont les intérêts ne se heurtent nulle part contre les siens, et à qui les circonstances ambiantes ont créé en Europe une position analogue à la sienne [1] ».

La présence à Paris (au commencement

[1] Le *Nord* du 22 septembre.

de septembre) du grand - duc George Alexandrovitch, second fils de l'empereur de Russie, Alexandre III[1], est une marque de sympathie de la Russie pour la France.

D'un autre côté, le peu d'empressement d'Alexandre III à rendre les politesses de Guillaume II, le voyage même du Tsar à Berlin (11 octobre), qui n'a pas amené grand résultat pour la politique de M. de Bismarck, démontrent d'une façon bien évidente que la Russie entend conserver sa liberté d'action pour le jour où la paix viendrait à être menacée par la prétendue *Ligue de la paix*. « Les amis de la paix peuvent hardiment se reposer sur la France et la Russie, bien qu'elles n'aient conclu aucune alliance à *dénomination ronflante*[2]. »

[1] Alexandre III est né le 10 mars (26 février) 1845 ; il succéda, le 13 mars 1881, à son père Alexandre II.

[2] *Novoié Vrémia*, du 25 septembre 1889.

LA NEUTRALITÉ SUISSE

13.

LA NEUTRALITÉ SUISSE

CHAPITRE I

LA SUISSE ET L'EUROPE DE 1789 A 1848

La Suisse avant 1789. — Intervention du Directoire en
Suisse (1798) ; la République helvétique. — Le Premier Consul et la Suisse : *l'Acte de Médiation* (19
février 1803). — Installation de la Diète helvétique à
Fribourg (4 juillet 1803); traité d'alliance et capitulations militaires avec la France (27 septembre 1803
et 8 mars 1812). — La Suisse vit heureuse avec
l'alliance française jusqu'en 1814; les régiments
suisses se couvrent de gloire à côté des régiments
français. — Violation de la neutralité suisse par les
alliés en 1814; abolition de *l'Acte de Médiation*; les
Suisses envahissent la Franche-Comté en 1815. —
Le pacte fédéral du 7 août 1815. — La Suisse et le
congrès de Vienne; nouvelles divisions politiques de
la Suisse; sa neutralité perpétuelle est proclamée
par les grandes puissances. — La Suisse de 1830 à
1840; le *Sonderbund*, sa dissolution. — Constitution
fédérale du 12 septembre 1848.

Depuis la guerre de 1870-71, la Suisse comme la Belgique, a perdu la sécurité qu'elle trouvait dans l'équilibre européen. Le conflit, qui s'est élevé au mois de juin dernier entre l'Allemagne et la Suisse, montre d'une façon bien évidente le danger dont la menace l'état présent de l'Europe. L'affaire Wohlgemuth semble, en effet, n'avoir été soulevée par le chancelier allemand que pour mettre en question la neutralité du pays helvétique. Mais, avant de traiter ce sujet, nous croyons utile de rappeler sommairement les événements dont la Suisse a été le théâtre depuis 1789 jusqu'à nos jours.

En 1789, la Suisse ne comptait que 13 cantons [1]. Il y avait des cantons souverains

[1] Schwitz, Uri, Unterwalden, Zug, Glaris, Appenzell, Berne, Soleure, Zurich, Lucerne, Fribourg, Bâle, Schaffouse. Le canton de Neuchâtel était une principauté dépendante de la Prusse. Les Grisons, le Valais, Genève formaient trois républiques à part, alliées à la

et des cantons sujets, des villes dominatrices et des campagnes esclaves. Les pays soumis étaient gouvernés par des baillis dont le pouvoir était tout à fait arbitraire.

La Révolution française de 1789 eut en Suisse un immense retentissement ; elle vint fournir aux *sujets* l'occasion de devenir libres et indépendants à l'égard de leurs maîtres les *confédérés*. Alors surgit un parti, qui voulait l'égalité des droits pour tous, l'unité de la Suisse, l'abolition de la distinction de cantons souverains et de sujets, et qui, pour obtenir satisfaction, demanda l'intervention de la France. Le Directoire envoya des troupes dans le pays de Vaud: 15,000 Français entrèrent à Lausanne, le 28 janvier 1798.

Suisse. La République française s'était emparée de Bienne, de l'ancienne principauté de Porentruy et avait fait le *Département du Mont-Terrible* en y ajoutant une partie de l'ancien évêché de Bâle. Elle avait également pris Genève, dont elle avait formé le *Département du Lac Léman*.

Ainsi commença une lutte, qui ne devait se terminer que par la soumission entière de la Suisse, et dans laquelle les femmes, comme à Laupen, combattirent à côté de leurs maris et de leurs fils.

« En entrant sur le territoire helvétique, les soldats du Directoire détruisirent, il est vrai, toutes les souverainetés cantonales, et formèrent un seul pouvoir central semblable à celui de la France ; mais les maux momentanés avaient tellement irrité la population qu'elle préférait ses imperfections poliques à une liberté qui se présentait sous les formes hideuses de l'arbitraire et de la violence [1]. »

Les agents civils et militaires du Directoire firent subir aux populations un régime vexatoire. Lorsque Berne eut ouvert ses portes à l'armée d'invasion, le général Brune

[1] Napoléon III. *Considérations politiques et militaires sur la Suisse.*

s'empara, au nom du Gouvernement français, du trésor de la ville qui contenait près de 17 millions en numéraire. Le pays fut frappé d'énormes contributions.

A peine la *République helvétique* fut-elle organisée, que la Suisse devint le théâtre de la guerre entre les Français, les Autrichiens et les Russes, guerre à laquelle les Confédérés prirent part, soit pour conserver l'état de choses actuel, soit pour rétablir l'ordre de choses ancien. Après la victoire de Masséna à Zurich (25 septembre 1798), la constitution nouvelle se rétablit partout, mais elle ne tarda pas à être remplacée par les constitutions éphémères de 1800, 1801 et 1802. Le pays était agité et tiraillé entre la démocratie révolutionnaire et le vieux parti aristocratique, auquel se rattachait la démocratie des petits cantons catholiques.

Après la paix d'Amiens, Bonaparte retira les troupes françaises qui, depuis 1798, n'avaient cessé d'occuper la Suisse. Le départ des Français semblait annoncer que le Premier Consul abandonnait la Suisse à ses dissentions intestines. Le découragement gagna les unitaires, l'audace des fédéralistes redoubla. Les demi-brigades suisses au service de la France furent, sur la demande du Gouvernement helvétique, mises à sa disposition en remplacement des troupes françaises [1].

A peine celles-ci furent-elles parties que la guerre civile éclata. Le gouvernement unitaire fut chassé de Berne par les fédéralistes que commandait le général de Watteville. Malgré l'Angleterre, le Premier Consul intervint dans les affaires suisses ; il déclara que 30,000 hommes étaient prêts, sous les ordres du général Ney, pour appuyer sa médiation. Il appela en même temps à Paris les hommes politiques les plus expéri-

[1] C. Thibaudeau, auteur cité.

mentés de la Suisse[1] et leur fit rédiger avec les sénateurs Rœderer, Barthélemy , Fouché et Meunier, *l'Acte de Médiation*, dont il dicta le plan.

« Vous vous êtes disputé trois ans sans vous entendre, disait Bonaparte aux délégués suisses. Si l'on vous abandonne plus longtemps à vous-mêmes, vous vous tuerez trois ans sans vous entendre davantage. Votre histoire prouve d'ailleurs que vos guerres intestines n'ont jamais pu se terminer que par l'intervention amicale de la France. Il est vrai que j'avais pris le parti de ne me mêler en rien de vos affaires ; j'avais vu constamment vos différents gouvernements me demander des conseils et ne pas les suivre, et quelquefois abuser de mon nom selon leurs intérêts et leurs passions. Mais je ne puis ni ne dois rester insensible aux malheurs auxquels vous êtes

[1] Cinquante-six députés notables se rendirent à Paris.

en proie : je reviens sur ma résolution. Je serai le médiateur de vos différends ; mais ma résolution sera efficace, tel qu'il convient au grand peuple au nom duquel je parle [1]. »

« Signé à Paris, le 19 février 1803, et bel exemple d'une politique sensée, honnête et ferme, *l'Acte de Médiation* fut efficace. Il constitua la *Confédération helvétique* en rétablissant l'indépendance des cantons et de leurs gouvernements intérieurs [2]. Il réforma les grands vices de l'ancien régime et consacra les bons résultats de la crise révolutionnaire en affranchissant les populations sujettes qui formèrent des cantons indépendants, et en abolissant les privilèges

[1] Thiers. *Histoire du Consulat et de l'Empire.*

[2] *L'Acte de Médiation* organisait la Suisse en 19 cantons au lieu de treize ; les nouveaux cantons étaient ceux des Grisons (sans la Valteline), Argovie, Vaud, Saint-Gall, Turgovie et le Tessin. Moins Genève, le Valais et Neuchâtel, c'était la Suisse d'aujourd'hui.

de classes, de religion ou de personnes[1]. »
La *Diète fédérale*, chargée des intérêts généraux de la Suisse, se composait de 19 députés, un par canton, mais le total des voix était de 25 parce que six cantons, de plus de 100,000 habitants, ceux de Berne, Zurich, Vaud, Saint-Gall, Argovie et Grisons avaient un double vote.

Tous les cantons devaient être organisés le 1er avril 1803, en conformité de l'acte constitutif signé à Paris. Le 4 juillet 1803, la Diète helvétique se réunit à Fribourg, désigné comme Vorort ou canton directeur.

Son installation se fit à l'église des Cordeliers avec une grande solennité. Des salves d'artillerie annoncèrent le cortège. En tête marchaient des guerriers en cuirasses, dont le capitaine Joseph de Diesbach, couvert

[1] Guizot. *Mémoires pour servir à l'histoire de mon temps.*

d'un casque doré, portait l'*Acte de Médiation* relié en velours bleu et richement brodé
en or. Le landamann d'Affry, le chancelier
Mousson et les députés des 19 cantons,
avec leurs couleurs, marchaient en tête,
suivis par les membres du gouvernement
de Fribourg. Cinquante guerriers en cuirasses fermaient la marche. Au milieu de
l'église s'élevait un siège pour le président
de la Confédération suisse ; à sa droite se
trouvait le général Ney, ambassadeur de
France ; à sa gauche, Don Joseph Caamano,
ministre d'Espagne. Les premiers députés
des cantons, avec leur suite, formaient un
demi-cercle autour du landamann. Louis
d'Affry, dont les cheveux blancs ajoutaient
à la dignité personnelle l'autorité de l'expé-
rience, se leva et prononça un discours
d'ouverture, dans lequel il exposait la nouvelle situation politique de la Suisse, ses
rapports avec les Etats voisins, la nécessité

de la modération et de la subordination[1].»

Après le discours du landamann, le général Ney prit la parole et annonça que la République française était disposée à conclure, avec la Suisse, une alliance défensive en même temps qu'une capitulation militaire[2].

Un traité d'alliance remplaça le traité du 1er août 1798 et la convention du 18 novembre 1798, en vertu de laquelle la Suisse devait mettre à la disposition de la France un corps auxiliaire de 18,000 hommes. Ce traité fut conclu à Fribourg, le 27 septembre 1803 (4 vendémiaire, an XII de la République) entre le maréchal Ney, ministre

[1] H. de Shaller. *Histoire des troupes suisses au service de la France sous le règne de Napoléon Ier.*

[2] On appelait *capitulations militaires* les traités conclus entre les cantons suisses et les gouvernements alliés, pour la levée des troupes auxiliaires au service des puissances contractantes.

plénipotentiaire de la République française, et les commissaires de la Diète suisse.

Se référant à la *paix perpétuelle* de 1516 et à l'*Acte de Médiation* du 19 février 1803, l'article 1er du traité proclamait à perpétuité paix et amitié entre la République française et la Suisse, et, durant cinquante ans, une alliance défensive entre les deux nations.

La République française promettait d'employer constamment ses bons offices pour procurer à la Suisse sa neutralité et lui assurer la jouissance de ses droits envers les autres puissances [1]. Aucune des deux puissances contractantes ne devait accorder aucun passage sur son territoire aux ennemis de l'autre puissance ; elles devaient s'y opposer même à main armée, s'il était nécessaire [2].

La capitulation militaire fut également signée à Fribourg, le 27 septembre 1803 :

[1] Article 2.
[2] Article 5.

16,000 hommes de troupes suisses étaient
mises au service de la République française qui était chargée de leur entretien ;
ces troupes étaient divisées en quatre régiments de 4,000 hommes chacun.

La capitulation de 1803 fut renouvelée, le
8 mars 1812, pour 25 ans. Le nouveau traité
était à peu près identique à celui de 1803.
Toutefois, il réduisait l'effectif de chaque
régiment à 3 bataillons de 1,000 hommes,
ce qui donnait un total de 12,000 hommes
au lieu de 16,000. Chaque année la Suisse
devait fournir 2,000 recrues et 1,000 de
plus en cas de guerre en Italie ou en Allemagne. La prime était de 130 francs par
homme pour un engagement de 4 ans. La
Suisse était tenue de remplacer à ses frais
les déserteurs, à mesure qu'ils lui seraient
indiqués, à condition qu'ils n'eussent pas
plus de deux années de service. Enfin, elle
prenait l'engagement de n'avoir aucun régi-

ment au service d'une autre puissance, de rappeler tous les Suisses qui servaient à l'étranger, et de faire usage, pour les déterminer à rentrer dans leur pays, de tous les moyens de persuasion et d'autorité qui étaient en son pouvoir [1]. »

Jusqu'en 1814, une tranquillité parfaite régna en Suisse. Ce pays fut heureux avec l'alliance française ; il nous donna des régiments qui se couvrirent de gloire à côté des nôtres. Les soldats suisses parcoururent avec nos armées l'Europe de Cadix à la Bérésina, de Reggio à Brême, et versèrent leur sang sur les rives du Tage et de la Dwina, sur les rochers de la Calabre et sur les côtes de la Hollande. Les revers de Napoléon Ier, la chute du premier Empire entraînèrent l'abolition de l'*Acte de Médiation*.

Vers le milieu de décembre 1813, les

---

[1] H. de Schaller, auteur cité ; E. Fieffé, *Histoire des troupes étrangères au service de la France*.

alliés avaient sur le Rhin 220,000 hommes
en deux armées, l'une de 160,000 sous
Schwarzenberg, l'autre de 60,000 sous
Blücher. Après un assez vif débat entre les
Prussiens et les Autrichiens sur le plan de
campagne, le plan des Autrichiens fut
adopté. Il consistait à opérer l'attaque principale sur la France, non pas au nord-est
où elle était si bien protégée, mais entre les
Vosges et le Jura : l'Autriche voyait à ce
plan, à côté d'un avantage militaire incon-
testable, un avantage politique : c'était de
provoquer une contre-révolution en Suisse,
de même qu'on en avait suscité une en
Hollande[1]. Le prince de Metternich savait
que la violation du territoire helvétique ne
rencontrerait pas en Suisse une protestation
unanime chez les confédérés. En effet, tan-

[1] L'empereur de Russie, qui avait eu pour précep-
teur le patriote vaudois La Harpe, eût voulu ne pas
violer la neutralité de la Suisse.

dis que le parti libéral et les nouveaux cantons se montraient disposés à défendre l'entrée du territoire helvétique, les patriciens
et les anciens cantons voyaient dans la présence des étrangers le plus sûr moyen de
recouvrer leur puissance et leurs privilèges.

La Diète avait néanmoins essayé de maintenir la neutralité du pays. Elle s'était réunie à Zurich en séance extraordinaire et
avait publié, le 18 novembre 1813, la déclaration de neutralité de la Confédération ;
l'armée fédérale avait été mise sur pied et
des troupes gardaient le pont de Bâle.
Schwarzenberg, le 21 décembre, fit marcher
ses colonnes vers ce pont. Le commandant
suisse protesta pour la forme et ne se dé-
fendit point. Les forces coalisées passèrent
et entrèrent sur le territoire français. En
même temps, les agents de Metternich réus-
sissaient à provoquer en Suisse une contre-
révolution : l'Acte de Médiation fut aboli

le 29 décembre 1814. Les troupes suisses au service de la France avaient été déliées du serment de fidélité à Napoléon Ier. Après l'abdication de l'Empereur, à Fontainebleau, la Suisse conclut avec le gouvernement de Louis XVIII une capitulation dont les dispositions étaient les mêmes que celles contenues dans le traité de 1812 (avril 1814). Louis XVIII confirma provisoirement les clauses de cette capitulation, le 14 juillet 1814, et nomma le général de Castella inspecteur général des Suisses[1].

Pendant les Cent-Jours, lorsque les alliés marchèrent de nouveau contre Napoléon, de retour de l'île d'Elbe, les Suisses se mirent à la disposition des alliés[2].

[1] L'ordonnance du 14 juillet 1814 créait la compagnie des gardes à pied du roi.

[2] A la nouvelle que Napoléon avait débarqué à Cannes le 1er mars 1815, la Diète avait adressé au gouvernement français une note pour demander le rappel en Suisse de ses régiments. Napoléon les licencia et les renvoya en Suisse. Après Waterloo, Louis XVIII fit revenir en France les Suisses, qui y restèrent jusqu'en 1830.

Six mille hommes concoururent avec les Autrichiens au siège d'Huningue, et un nombre
beaucoup plus considérable envahit la Franche-Comté sous les ordres du général Bach-
mann.

Lorsque la paix fut définitivement réta-
blie en Europe, une constitution élaborée
par la diète réunie à Zurich, fut signée, le
7 août 1815, sous le nom de *Pacte Fédéral*
Cinq jours après, la Diète donna son adhé-
sion aux actes du congrès de Vienne qui la
concernaient. Le congrès de Vienne avait
repris le rôle de Napoléon Ier en se faisant
médiateur de la Confédération Suisse. Mais
ce fut l'empereur Alexandre qui eut la part
principale dans l'arrangement des affaires
suisses où il intervint dans un sens libéral,
en opposition avec l'Autriche.

Les alliés confirmèrent la division de la
Suisse en 19 cantons et les changements
survenus dans les conditions sociales. Ils lui

abandonnèrent une partie des dépouilles de la France en lui cédant Porentruy et le duché de Bâle. Trois nouveaux cantons portèrent à 22 le nombre des cantons qui forment aujourd'hui la Suisse ; ces cantons furent formés de la principauté de *Neuchâtel*, qui fut néanmoins rendue à la Prusse, et dont l'indépendance n'a été reconnue qu'en 1857, et du territoire de *Genève* et du *Valais*. Enfin, l'Angleterre, la Russie, la France, la Prusse, l'Autriche, la Suède, l'Espagne et le Portugal, par un *acte portant reconnaissance et garantie de la neutralité perpétuelle de la Suisse et de l'inviolabilité de son territoire reconnurent authentiquement que la neutralité et l'inviolabilité de la Suisse et son indépendance de toute influence étrangère sont dans les vrais intérêts de la politique de l'Europe entière* [1].

Dès le 27 mai 1815, la Diète extraordi-

[1] Voir chap. suivant.

14.

naire réunie à Zurich avait exprimé officiellement « la gratitude éternelle de la nation
suisse envers les hautes puissances qui ren-
daient, avec une démarcation plus favorable, d'anciennes frontières importantes,
réunissaient trois nouveaux cantons à son
alliance, et promettaient solennellement de
reconnaître et garantir la neutralité perpétuelle que l'intérêt général de l'Europe réclamait en faveur du corps helvétique. Elle
témoignait les mêmes sentiments de reconnaissance pour la bienveillance soutenue
avec laquelle les augustes souverains s'étaient
occupés de la conciliation des différends qui
s'étaient élevés entre les cantons [1].

La révolution de 1830 eut des conséquences graves pour la Suisse. La plupart des
cantons réformèrent leur constitution dans
un sens démocratique, mais 18 années s'é-

[1] Actes du Congrès de Vienne, p. 228.

coulèrent encore avant que le *pacte fédéral* pût être légalement modifié. Pendant ces dix-huit années, des troubles ensanglantèrent la Suisse. L'intervention française envenima la querelle : le gouvernement de Louis-Philippe avait demandé l'expulsion des réfugiés politiques et protégeait ouvertement le parti catholique. Le parti protestant de son côté poursuivait l'expulsion des Jésuites. Le *Sonderbund*, ligue particulière formée par plusieurs cantons[1], forma pendant quelque temps une sorte de confédération dans la confédération. La diète de Zurich, vota, en juillet 1847, la dissolution du *Sonderbund* comme incompatible avec les dispositions du pacte fédéral ; mais, soudoyés par Metternich et encouragés par la France, les cantons condamnés prirent les armes. Le général de la Diète, Dufour, se mit alors à la

---

[1] Zug, Fribourg, le Valais, Schwitz, Uri, Unterwalden et Lucerne.

tête de l'armée fédérale. Il entra à Fribourg
sans coup férir, le 14 novembre, battit le
chef catholique Salis à Zug, se rendit maître
de Lucerne, après deux jours de combat, et
força les petits cantons à la soumission.

La dissolution du *Sonderbund* et la révolution de 1848, décidèrent la majorité de la
Diète à reviser le *pacte fédéral de 1815* : c'est
ainsi que la constitution fédérale du *12 septembre 1848* devint la loi fondamentale actuelle de la Confédération suisse.

CHAPITRE XI

LA SUISSE NEUTRE ET L'EUROPE

(1848-1870)

Pourquoi la Suisse est-elle neutre ? — La neutralité de la Suisse qui a été faite contre la France est aujourd'hui un bienfait pour elle. — Acte du 20 novembre 1815, par lequel la neutralité de la Suisse a été reconnue par les alliés. — Depuis 1815, la Suisse s'attache à faire respecter sa neutralité : le conflit neuchâtelois (1857) ; annexion de la Savoie à la France. — La Suisse pendant la guerre de 1870-71 : secours aux blessés ; l'hospitalité suisse. — La Suisse s'impose de grands sacrifices pour défendre au besoin son indépendance et sa neutralité : l'armée fédérale. — Comment la Suisse doit-elle rester neutre ?

« La Suisse, a dit M. Thiers [1], a un avantage réel, c'est d'ouvrir les débouchés directs

[1] *Histoire de la Révolution française.*

à la France sur l'Autriche et à l'Autriche sur la France. On conçoit dès lors que, pour le repos des deux puissances et de l'Europe, a clôture de ces débouchés soit un bienfait. Plus on peut empêcher les points de contact et les moyens d'invasion, mieux on fait, surtout entre deux Etats qui ne peuvent se heurter sans que le continent en soit ébranlé. C'est en ce sens que la neutralité de la Suisse intéresse toute l'Europe et qu'on a toujours eu raison d'en faire un principe de sûreté générale. »

Ironie des choses humaines, cette neutraité qui a été faite contre la France, dont on redoutait l'agression, est aujourd'hui un bienfait pour nous, parce qu'elle s'oppose à l'union des armes italiennes et allemandes. La défaite de la France en 1870-71 a rompu l'équilibre européen et les armées de la triple alliance, pour se donner la main, ont tout intérêt à violer le territoire helvétique dans une lutte contre la France.

L'acte par lequel la neutralité de la Suisse a été reconnue par les alliés a été signé à Paris, le 20 novembre 1815. L'Autriche, la France, l'Angleterre, le Portugal, la Russie, la Suède et la Prusse « reconnaissent d'une manière formelle et authentique la neutralité perpétuelle de la Suisse, et lui garantissent l'inviolabilité de son territoire, circonscrit dans ses nouvelles limites, telles qu'elles sont fixées par le congrès de Vienne et la paix de Paris et telles qu'elles le seront encore ultérieurement en conformité de l'extrait du protocole du 3 novembre, lequel accorde à la Confédération helvétique une nouvelle augmentation de territoire qui doit être pris sur le territoire de la Savoie pour arrondir le canton de Genève et lui réunir les portions de territoire qu'il embrasse.

« Les puissances reconnaissent également

la neutralité des parties de la Savoie[1], qui sont désignées dans la déclaration du congrès de Vienne, en date du 20 mars, et dans la paix de Paris d'aujourd'hui, comme devant avoir part à la neutralité de la Suisse, de même que si elles en faisaient partie.

« Les puissances font connaître d'une manière authentique, par le présent acte, que la neutralité et l'inviolabilité de la Suisse, ainsi que son indépendance de toute influence étrangère, est conforme aux véritables intérêts de la politique européenne[2]. »

Depuis 1815, la Suisse a dignement effacé la pénible impression qu'avaient produite en France les événements de cette époque ; elle a fait de grands sacrifices pour

[1] Le Chablais et le Faucigny.

[2] Voir à la Bibliothèque nationale, dans le *Recueil des traités* de Martens, l'Acte par lequel la neutralité de la Suisse a été reconnue par les alliés en date de Paris du 20 novembre 1815.

se mettre à même de prendre dans des cas
analogues une autre attitude.

« On a vu la réalité de ces dispositions du
peuple suisse, dit le général Dufour [1], lorsqu'en 1857 la Prusse nous a menacés d'une
invasion au sujet du conflit neuchâtelois :
la population tout entière s'est levée comme
un seul homme, l'élan était général, les
femmes même y ont pris part. Les mesures
les plus énergiques ont reçu leur exécution,
une partie de l'armée a été immédiatement
mise sur pied, le reste tenu de piquet :
toutes les ressources de la Confédération
ont été mises à la disposition du commandant en chef (c'était le général Dufour
lui-même). Celui-ci a fait marcher ses
troupes à la frontière, a couvert de retran-

[1] Lettre du général suisse Dufour au maréchal Lebœuf, en date du 20 juin 1870, à l'occasion d'un débat
soulevé au Corps législatif sur le chemin de fer projeté
du Saint-Gothard. — Voir, dans la *Revue des Deux-
Mondes* de mai 1871, l'article de Marc-Monnier.

chements les ponts de Bâle et de Schaffouse,
préparé la destruction des autres, tout en
en jetant de nouveaux pour ses propres communications. Les troupes se sont livrées
avec ardeur à ces travaux malgré les
rigueurs de la saison, et, si les événements
s'étaient aggravés, le général, sans la
moindre hésitation, aurait appelé tous ses
bataillons, et pas un homme, j'en suis sûr,
n'aurait fait défaut [1].

« Et, ce n'est pas la seule fois ni la première que la Suisse a manifesté sa résolution de se faire respecter et d'interdire tout
passage à une armée étrangère sur son territoire. Déjà, en 1831, dans la prévision des
événements que pouvait amener la révolution qui venait de s'accomplir en France,
elle avait ses états-majors sur pied ; elle

[1] L'intervention de la France, de l'Angleterre, de la
Russie et de l'Autriche mirent fin aux prétentions du
roi de Prusse (1856-57) sur Neuchâtel et empêchèrent
le conflit dont l'Europe était menacée.

commença à fortifier ses positions les plus importantes : Saint-Maurice, Luciensteig, Aarberg, etc..., et prépara des mesures de destruction sur la route du Simplon, qui, à cette époque, donnait de justes sujets d'inquiétude. »

En 1860, au moment de la cession de la Savoie à la France, la Suisse montra également sa résolution ferme de défendre son territoire contre quiconque tenterait de porter atteinte à son intégrité. Le conseil fédéral adressa aux États garants des traités de 1815 une circulaire exposant avec clarté la base légale des prétentions de la Suisse, dont la neutralité ne peut être sérieuse et réelle dès qu'on lui refuse les positions nécessaires à sa défense. Elle protesta contre l'occupation par la France du Chablais et du Faucigny. Pendant six mois, d'avril en octobre, les milices appelées à fournir la garnison de Genève montrèrent le même empressement qu'on avait remarqué lors des démêlés avec la Prusse en 1857.

L'annexion de la Savoie à la France ne rencontra pas, il est vrai, d'opposition sérieuse chez les puissances signataires des traités de 1815, mais, grâce à l'action énergique du conseil fédéral, la Suisse a, du moins, pu protester avant que le fait fût accompli, et si ses réclamations sont restées sans effet quant à ce qui concerne les provinces neutralisées, on peut dire que sa propre neutralité a reçu en cette occasion des divers États européens une sanction nouvelle [1].

Pendant l'*année terrible*, alors que ses puissants voisins les Allemands et les Français s'entr'égorgeaient, la Suisse sut à la fois maintenir sa neutralité et montrer aux nations civilisées que, si elle était exempte

---

[1] *Annuaire des Deux-Mondes*, année 1860.

des maux de la guerre, elle était capable
d'y remédier et de les adoucir.

Dès le mois de juillet 1870, un arrêté
du Conseil fédéral signifia que « les troupes
régulières, ainsi que les volontaires des
Etats belligérants, qui tenteraient de pénétrer sur le territoire de la Confédération,
ou de le traverser en corps ou isolément,
seraient au besoin repoussés par la force ».
Une notification du 18 juillet, adressée aux
puissances, affirma le droit de la Confédération d'occuper militairement la Savoie du
Nord. Enfin, le 20 juillet, le Conseil fédéral
déclara que la Suisse repousserait énergiquement toute atteinte portée à ses droits
et toute violation de son territoire. En même
temps, le général Herzog se tint prêt avec
une armée à défendre les passages du Rhin.

Mais le danger que la Suisse redoutait
pour son territoire s'éloigna bientôt de ses
frontières. Les Allemands. dès le début de

la guerre, refoulaient les armées françaises et portaient le fléau dévastateur jusque dans l'ouest de la France. Pendant cette lutte à outrance, la Suisse intervint avec un dévouement sans bornes dans l'intérêt de l'humanité. Elle consacra tous ses efforts à faire respecter la Convention de Genève ; partout elle envoya des secours aux blessés. Et, lorsque l'armée de l'Est, à la suite d'un suprême effort, se vit contrainte de passer en Suisse, pour ne point rendre ses armes à l'ennemi, lorsque l'armée du général Clinchant, décimée par la faim et le froid, franchit la frontière helvétique, nos malheureux soldats, au nombre de plus de 80,000, purent apprécier les douceurs de cette hospitalité dont la Suisse a le secret[1].

[1] Le 8 juillet 1889, a été inauguré, à Genève, le monument élevé par la colonie française sur la tombe des soldats internés de l'armée de l'Est, morts en 1871, dans cette ville.

Non seulement la Suisse fit œuvre de charité pendant la guerre de 1870-71, elle ne voulut pas non plus user de son droit pour occuper la Savoie : le peuple suisse ne voulut pas être soupçonné d'exploiter nos revers ; il sut éviter de froisser la France vaincue.

La Suisse, depuis 1870, n'a cessé de faire de grands sacrifices pour se mettre en état de défendre sa neutralité. Elle possède aujourd'hui une armée de 150,570 hommes appartenant à l'*élite*, appuyés de la *landwehr* (80,715 hommes) et du *landsturm* (262,766 hommes) récemment organisé, ce qui lui donne une force totale de 494,051 hommes[1]. « Elle a des camps de tactique, des écoles d'instruction et de nombreuses réunions militaires[2]. Et, ce qui vaut mieux encore

[1] Ce sont les chiffres officiels, à la date du 1er janvier 1889.

[2] Malheureusement les compagnies allemandes possèdent au point de vue financier tout le réseau des

que tout cela, c'est l'esprit de nationalité
qui anime tous les citoyens, la ferme résolution où ils sont de défendre en toute cir-
constance, et contre qui que ce soit cette neutralité qui ne serait qu'un vain mot, si elle
n'était assurée que par des traités[1]. »

La Suisse ne l'ignore pas : ce que la
diplomatie garde et protège n'est pas toujours bien gardé. « On ne peut rester neutre
que de deux manières, a dit Napoléon III[2],
ou en armant pour défendre son territoire,
s'il était attaqué, ou en considérant son pays
comme un cadavre sur lequel tout le monde
peut marcher impunément. Cette dernière
politique ne conviendra jamais à la Suisse ;

chemins de fer suisses, excepté le *Central suisse* (Bâle,
Bienne, Lucerne, Aarau), ce qui constitue un danger
sérieux pour ce pays en cas de guerre.

[1] Lettre du général Dufour au maréchal Lebœuf,
document cité.

[2] Napoléon III. *Considérations politiques et militaires
sur la Suisse.*

il faut donc adopter la neutralité armée. »
Il est alors tout naturel que la Suisse fasse
effort sur elle-même pour se mettre en état
de suffire à sa propre défense.

CHAPITRE II

LA NEUTRALITÉ DE LA SUISSE ET L'ALLEMAGNE.

L'AFFAIRE WOHLGEMUTH.

Les puissances européennes et la Suisse depuis 1815.
— La neutralité suisse et l'Allemagne. — L'affaire
Wohlgemuth. — La presse allemande et la presse
suisse pendant le conflit allemand-suisse. — Notes
de M. de Bismarck. — La Russie et la presse russe.
— L'Allemagne dénonce le traité d'établissement
de 1876. — Le droit d'asile n'est qu'un prétexte : la
triple alliance a intérêt à violer la neutralité de la
Suisse. — La Suisse voit le danger qui la menace :
le conseil d'État vote sans discussion les crédits pour
la mise en état de défense du Saint-Gothard. — La
Suisse devra choisir un allié dans le prochain conflit
européen. — Le rôle militaire de la Suisse ; si les
traités sont reniés, les Suisses sont prêts à les écrire
de nouveau avec leur sang.

Depuis 1815, la neutralité de la Suisse
n'avait jamais été mise en question par

aucune puissance européenne, ni même par l'Allemagne, qui aujourd'hui prétend que ce privilège n'a plus aucune raison d'exister. On se rappelle en effet l'arrangement conclu au moment de la guerre de 1870-71, et par lequel les deux nations belligérantes s'engageaient à ne pas violer le territoire helvétique au cours des opérations militaires.

M. de Bismarck lui-même, disait, dans une dépêche datée du 21 juillet 1870 : « la neutralité de la Suisse est garantie par les traités. Nous avons pleine confiance dans les mesures prises par la Confédération pour maintenir cette neutralité ; notre fidélité dans la foi des traités, les bonnes relations qui existent entre la Suisse et l'Allemagne garantissent que l'Allemagne respectera cette neutralité. »

Il y a cinq ans encore, en 1884, lorsqu'on discuta au Parlement allemand la question des lignes stratégiques, M. de Botticher,

ministre prussien, déclara que : « la neutralité de la Suisse est une des bases du droit
des gens en l'Europe. »

Il faut croire qu'un intérêt de force ma-
jeure a poussé M. de Bismarck à profiter de
l'incident Wohlgemuth pour fouler aux pieds
cette foi des traités que lui et l'Europe
avaient respectée jusqu'à ce jour. L'affaire
Wohlgemuth, si minuscule en elle-même, a
suscité en Europe une nouvelle cause de
conflit. Nous rappellerons sommairement
les faits :

L'inspecteur de police à Mulhouse, Wohlgemuth, chargé de la surveillance des
socialistes à Bâle, exerçait son métier en
agent provocateur. Les autorités suisses s'en
émurent et arrêtèrent le fonctionnaire allemand.

Wohlgemuth, après un emprisonnement
de dix jours, fut reconduit à la frontière et

expulsé du territoire suisse. M. de Bismarck exigea aussitôt une réparation. Le gouvernement fédéral, fort de son droit, et très soucieux de la dignité du pays, refusa formellement.

Ce refus irrita M. de Bismarck. Le chancelier allemand chargea M. de Bulow, ministre d'Allemagne près la Confédération suisse, de remettre à M. Droz, ministre des affaires étrangères de cet Etat, une note annonçant que certaines mesures de représailles seraient prises contre la Suisse. Il s'agissait de fermer la frontière helvétique comme on avait fermé la frontière d'Alsace-Lorraine et d'imposer aux Suisses les mêmes vexations qu'aux Français, de manière à rendre impossibles les communications entre l'Allemagne et la Suisse.

En même temps, la presse germanique publiait contre la Suisse une suite d'articles violents dans lesquels elle contestait à ce pays sa neutralité et faisait même allusion à la division possible de son territoire. Le *Hamburger Nachrichten* ne cachait nullement ses désirs et ses espérances ; il déclarait : « que la neutralité de la Suisse dans le cas d'une guerre franco-allemande, ne sera pas observée et il ajoutait que la cession du Tessin à l'Italie serait la meilleure compensation que l'on pût donner à cet État pour les sacrifices qu'impose la triple alliance.

« La ligne du Saint-Gothard serait non seulement un débouché commercial, elle deviendrait une route militaire entre l'Italie et l'Allemagne. L'Autriche recevrait les cantons limitrophes et l'Allemagne prélèverait la part du lion. »

« La neutralité, disait la *Gazette de l'Allemagne du Nord*, autre journal officieux du gouvernement allemand, est un privilège dont celui qui le possède doit éviter d'abuser. Cette neutralité est contre nature et insoute-

nable quand, en s'appuyant sur elle, on se
regarde comme en droit de mépriser d'une
manière offensante les intérêts de l'Etat voisin. »

Les journaux suisses ripostèrent de la
façon la plus vive. La *Nouvelle Gazette de
Zurich* considérait les exigences de l'Allemagne comme telles, que la Suisse, si elle
cédait, disparaîtrait comme Etat indépendant.

Cependant, M. de Bismarck envoyait à
M. de Bulow à Berne trois notes relatives à
l'affaire Wohlgemuth. Dans la première, datée du 5 juin, M. de Bismarck se plaint de l'attitude des autorités suisses comme étant en
opposition avec celle que l'Allemagne observe
à l'égard de la Suisse, et il déclare, que « si
le gouvernement suisse continue à permettre
que des révolutionnaires allemands, établis
sur le territoire suisse, menacent la paix
intérieure et la sûreté de l'empire allemand,
le gouvernement impérial se verra forcé, de

concert avec les puissances amies, d'examiner la question de savoir jusqu'à quel point la neutralité de la Suisse est conciliable avec les garanties d'ordre et de paix sans lesquelles les autres puissances européennes ne sauraient prospérer ; alors que les parties essentielles des traités sur lesquels repose la neutralité de la Suisse sont devenues caduques par suite de la marche des événements. »

Dans une deuxième note, portant la date du 6 juin, M. de Bismarck exprime son regret de voir le Conseil fédéral persister dans une attitude injuste. L'interprétation donnée par le Conseil fédéral à l'article 2 du traité d'établissement de 1876 est en contradiction avec le texte très clair de ce traité même, d'après lequel les Allemands qui s'établissent en Suisse doivent être pourvus d'un certificat de bonne conduite.

Enfin, dans la troisième note, datée du 26 juin, M. de Bismarck annonce que le gouvernement allemand se refuse à continuer l'examen de l'affaire Wohlgemuth, étant convaincu qu'on ne pouvait rien changer aux faits accomplis. Le gouvernement impérial affirme qu'il serait en droit de considérer d'ores et déjà comme caduc le traité de 1876, mais il préfère se contenter d'une dénonciation conditionnelle aux termes de l'article 2. Comme menaces, il s'en tient au rétablissement éventuel des passeports et autres désagréments qu'on peut employer à la frontière.

De son côté, le gouvernement allemand cherchait à soulever la question de droit de refuge et tentait de pressantes démarches à Saint-Pétersbourg. La Russie ne tarda point à comprendre qu'il s'agissait beaucoup moins dans cette affaire de réprimer les entreprises révolutionnaires que de préparer la violation de la neutralité de la Suisse ; elle évita le piège et refusa de s'associer aux intrigues de la triple alliance.

La prudence, la fermeté de M. Droz, l'attitude de la presse russe qui était devenue sympathique à la Suisse, décidèrent le gouvernement allemand à amener une certaine détente dans ses rapports avec la Suisse. La presse allemande commença à déclarer que les mesures vexatoires prises à la frontière n'émanaient point des sphères dirigeantes à Berlin ; qu'il s'agissait vraisemblablement d'instructions provenant simplement de l'administration des douanes de l'Empire auxquelles on ne saurait attribuer une signification politique [1] ; ou bien encore, que le contrôle plus rigoureux qui s'exerçait à la frontière était dû surtout au zèle exagéré de fonctionnaires subalternes.

Le gouvernement allemand maintint seulement sa manière de voir relative au droit d'asile ; il dénonça le traité d'établissement

[1] *La National Zeitung.*

avec la Suisse, lequel prendra fin le 20 juillet 1890[1]. Il est à espérer que, pendant ce répit d'un an, nous n'aurons pas à éprouver de nouvelle surprise de la part de l'Allemagne et que les deux gouvernements parviendront à se mettre d'accord.

Il est certainement évident que le droit d'asile n'est qu'un prétexte. La persistance avec laquelle M. de Bismarck a remis en discussion les conditions de la neutralité helvétique et les arguments qu'il a invoqués pour en atténuer le principe, démontrent que cette neutralité est sérieusement compromise.

L'Allemagne veut, à tout prix, et par tous les moyens, maintenir le *statu quo*

---

[1] Le traité d'établissement a été conclu à Berne, le 27 avril 1876, entre MM. Anderwert, chef du département fédéral de la justice, et M. de Rœder, ministre de l'empire d'Allemagne. Les deux négociateurs, qui auraient pu donner quelques renseignements touchant l'interprétation de l'article 2, sont morts.

créé par le traité de Francfort. Et, ce qui est vrai pour la neutralité de la Belgique l'est à fortiori pour la neutralité de la Suisse :

« Lorsque la guerre éclatera entre la France et l'Allemagne, quand la question d'être ou de ne pas être sera posée, toutes les autres considérations s'effaceront [1]. »

Toutefois, la Suisse est beaucoup plus menacée que la Belgique d'une invasion des Allemands.

En effet, l'alliance italo-allemande n'aura de valeur que le jour où les armées des deux pays seront réunies. Sans cette jonction, l'Italie reste réduite à l'impuissance, elle demeure emprisonnée entre les Alpes et la mer. En violant le territoire helvétique, les armées allemandes et italiennes pourraient tourner nos défenses de l'Est, marcher sur

[1] H. Girard (ancien major belge), *la Belgique et la guerre prochaine.*

le centre de la France, isoler le Nord du Midi et couper en deux la défense de notre pays.

La Suisse a compris l'étendue du danger dont elle est menacée. Le Conseil d'Etat a voté sans discussion les crédits pour la mise en état de défense du Saint-Gothard [1], et le Conseil national a autorisé à l'unanimité le gouvernement fédéral à épuiser dès cette année les crédits militaires votés pour être employés d'ici 1892 [2].

Le journal l'*Ost Schweitz* de Saint-Gall

[1] Les travaux que l'on exécute au Saint-Gothard aux têtes de tunnel d'Airolo et du trou d'Uri constituent un ensemble de fortifications remarquables, qui avec l'aide de 15 bataillons d'infanterie au maximum et de quelque peu d'artillerie rendront tout à fait impossible le passage du Saint-Gothard.

[2] Dans la première quinzaine du mois d'août dernier, le colonel Pfyffen, chef de l'état-major de l'armée suisse, accompagné d'une quinzaine d'officiers supérieurs, a fait une reconnaissance des passages alpins qui conduisent dans la vallée du Rhône, du Rhin, de la Reuss et du Tessin.

a publié, le 14 juin dernier, sur le conflit allemand-suisse un article qui a fait une grande impression dans le pays et dont voici l'analyse : « Le but de tout ce tapage est de fournir un prétexte plausible pour ne plus être obligé de reconnaître la neutralité suisse. C'est une suite des dernières conventions arrêtées à Berlin entre l'Allemagne et l'Italie et qui ont couronné un édifice dont la première pierre avait été posée l'an dernier, lors du voyage de l'empereur Guillaume à Rome.

« Il s'agit, non pas d'une convention militaire proprement dite, mais d'un plan d'organisation des armées alliées dans la prochaine guerre contre la France. Dans ce plan, la Suisse joue un rôle capital, car on y prévoit qu'une armée italo-allemande prendrait l'offensive de la Suisse contre la France. Les Italiens et les Allemands entreraient simultanément en Suisse.

« Ou la Suisse autorisera la violation de
de son territoire, et alors elle sera considérée comme pays ami ; ou elle s'opposera au
passage des coalisés, et alors elle sera trai-
tée en ennemie. Mais, dans l'une comme dans
l'autre hypothèse, sa neutralité disparaît.

On s'efforce d'accoutumer dès à présent
la Suisse à respecter le droit du plus fort et
c'est à cela que sert Wohlgemuth. »

La Suisse connaît donc maintenant le côté
menacé de ses frontières ; elle sait qu'elle
a autant à craindre de la guerre que de la
paix qui suivra la lutte, son existence
politique est menacée, comme celle de tous
les petits états. Elle sera forcée de choisir
un allié dans le prochain conflit européen.
Le choix n'est pas difficile. La Suisse est
l'alliée naturelle de la France parce qu'elle
couvre ses frontières, parce que les deux
Etats auront dans une guerre européenne,

à lutter pour leur existence propre contre un ennemi commun [1].

L'appui de la Suisse n'est nullement à dédaigner. Le général italien Clemente Corte a publié dernièrement, dans *l'Adriatico* de Venise, sur le rôle militaire de la Suisse, une étude très intéressante à laquelle le journal français *le Temps* a emprunté les passages suivants :

« Nous croyons que l'armée suisse, ou, pour mieux dire, la nation suisse armée, doit avoir gagné en puissance militaire peut-être plus que les autres armées. Nous sommes arrivés à cette opinion en considérant le

---

[1] Au moment où la Suisse presque entière se prononce en faveur d'une politique proclamant que la nation s'armera contre quiconque porterait atteinte à sa neutralité, le colonel suisse Rothpletz vient de faire paraître une brochure dans laquelle il prétend que la Suisse doit se déclarer pour la triple alliance, au lieu de rester neutre. Mais, la majorité de la Suisse sait que pour elle la neutralité, c'est l'existence.

sentiment national élevé qui anime les Suisses, leur éducation virile et patriotique, leur longue tradition du service personnel, leur habitude du tir, et la grande confiance qu'ils ont dans les armes et dans les défenses naturelles de leur pays...

« A notre avis, les Suisses, s'ils sont unis et compacts, sont invulnérables dans la partie élevée de leur pays. Et il ne faut pas oublier que, de la partie élevée de leur pays, ils dominent le Rhône, le Rhin et le Tessin. Une armée allemande, qui aurait la Suisse avec elle, pourrait facilement menacer Lyon et tourner les travaux de défense construits récemment par les Français parallèlement aux Vosges. Mais, pareillement, une armée française qui compterait sur l'appui des Suisses, pourrait, du lac de Constance, tourner toutes les défenses des Allemands sur les bords du Rhin et menacer la partie supérieure de la vallée du Danube.

Elle pourrait de même tomber sur l'Italie par la route du Simplon, du Saint-Gothard et des Grisons.

« Nous n'avons jamais su nous expliquer les menaces mal dissimulées de l'Allemagne contre la neutralité suisse, car il nous semble qu'attaquer les Suisses dans leur pays constitue un problème devant lequel l'armée allemande elle-même pourrait hésiter, d'autant plus que quelques semaines de résistance de la part de ces montagnards suffiraient pour permettre à une armée française de venir à leur secours. Or, une armée française qui serait maîtresse des routes de la Suisse, pourrait, à notre avis, opposer des difficultés insurmontables, même à la triple alliance. Il est vrai que les alliés disposeraient de forces très considérables. Mais ces forces pourraient-elles agir avec ensemble? Et le nombre lui-même ne serait-il pas un très grand inconvénient, quand il faudrait opérer dans un pays montagneux, dont les défenseurs sauraient mettre à profit les avantages tirés des voies intérieures et sûres ?

« Il est de fait que, dans l'état actuel de l'Europe, en présence de la triple alliance d'une part, et l'union tacite ou apparente de la France et de la Russie d'autre part, l'action militaire de la Suisse pourrait exercer une influence prépondérante sur l'issue de la guerre dans le cas où la Confédération serait obligée à sortir de sa neutralité. »

La presse russe est aussi unanime à reconnaître que la Suisse apporterait dans un conflit européen « un appoint » dont il faudrait faire le plus grand cas : « Si une guerre européenne éclate, dit *le Novosti*, dans son numéro du 29 juin, et si l'Allemagne et l'Italie tentent de pénétrer en France à travers la Suisse, ils auront contre eux une armée de 300,000 hommes admirablement armés et placés dans d'excellentes conditions pour la lutte.

« Or, si l'on tient compte de qualités numériques des deux grandes agglomérations militaires qui divisent actuellement l'Europe, 300,000 braves soldats ne seront pas sans avoir une sérieuse importance. »

La Suisse a montré, à l'occasion de l'incident Wohlgemuth, qu'elle n'est pas encore réduite au silence et que, elle aussi, pouvait faire entendre sa voix dans le concert européen. Et, si le dénouement de cette affaire avait tourné au tragique, si la frontière helvétique avait été menacée, la Suisse, comme l'intrépide Danemark en 1864, se serait levée comme un seul homme contre l'envahisseur. « Si l'encre diplomatique avec laquelle les traités ont été signés venait à être reniée, les Suisses sont prêts à les écrire de nouveau avec leur sang, en défendant leurs foyers contre toute ingérence étrangère, et en mourant plutôt que de subir le déshonneur[1]. »

Les deux partis qui divisent les Suisses, le parti allemand et le parti français sont avant tout suisses ; ils sauront le prouver quand l'heure viendra. Les partis se réuniront contre l'ennemi commun. Devant un nouveau Charles le Téméraire, on verrait se renouveler les luttes héroïques de Granson et de Morat ; dans une guerre européenne, si la Suisse est obligée de prendre parti, son action militaire pèsera d'un grand poids dans la balance.

[1] Déclaration faite, le 22 juin, à Zurich, au milieu des applaudissements du peuple, par le pasteur Wissmann, à l'occasion de la fête commémorative de la bataille de Morat

INDEX ALPHABÉTIQUE

TABLE DES MATIÈRES

LA TRIPLE ALLIANCE DE DEMAIN

CHAPITRE PREMIER

L'ALLEMAGNE ET L'EUROPE ; LES ALLIÉS DE L'ALLEMAGNE ;
LA TRIPLE ALLIANCE NATURELLE

DANEMARK ET FRANCE

CHAPITRE I

DANEMARK ET FRANCE : DEPUIS LE RÈGNE DE LOUIS XIV (1643) JUSQU'A LA RÉVOLUTION FRANÇAISE LE 1789

(1643-1789.)

CHAPITRE II

DANEMARK ET FRANCE : PENDANT LA RÉVOLUTION ET LA PREMIÈRE RÉPUBLIQUE; SOUS LE PREMIER EMPIRE, JUSQU'AUX TRAITÉS DE 1815.

(1789-1805)

CHAPITRE III

DANEMARK ET FRANCE : SOUS LA RESTAURATION (1815-1830) ; LE RÈGNE DE LOUIS-PHILIPPE Ier (1830-1848) ET LA DEUXIÈME RÉPUBLIQUE.

(1815-1852)

CHAPITRE IV

DANEMARK ET FRANCE : SOUS LE SECOND EMPIRE
Iᵉʳ (1852-1864).

CHAPITRE V

DANEMARK ET FRANCE : SOUS LE SECOND EMPIRE
2° (1864-1870).

CHAPITRE VI

DANEMARK ET FRANCE : SOUS LA TROISIÈME RÉPUBLIQUE

RUSSIE ET FRANCE

CHAPITRE I

RUSSIE ET FRANCE AU XVIIIe SIÈCLE

CHAPITRE II

RUSSIE ET FRANCE AU XIXe SIÈCLE

LA NEUTRALITÉ SUISSE

CHAPITRE I

LA SUISSE ET L'EUROPE DE 1789 A 1848

CHAPITRE II

LA SUISSE NEUTRE ET L'EUROPE (1848-1870)

CHAPITRE III

LA NEUTRALITÉ DE LA SUISSE ET DE L'ALLEMAGNE. L'AFFAIRE WOHLGEMUTH

FIN DE LA TABLE DES MATIÈRES

ERRATA

—

Page 11, ligne 7, lire : *qui a gagné les États européens,*
au lieu de : *dont sont épris les États européens.*

Page 15, ligne 13, lire : *qui a gagné les États européens,*
au lieu de : *dont sont épris les États européens*

ÉVREUX, IMPRIMERIE DE CHARLES HÉRISSEY

Bibliothèque nationale de France - Paris

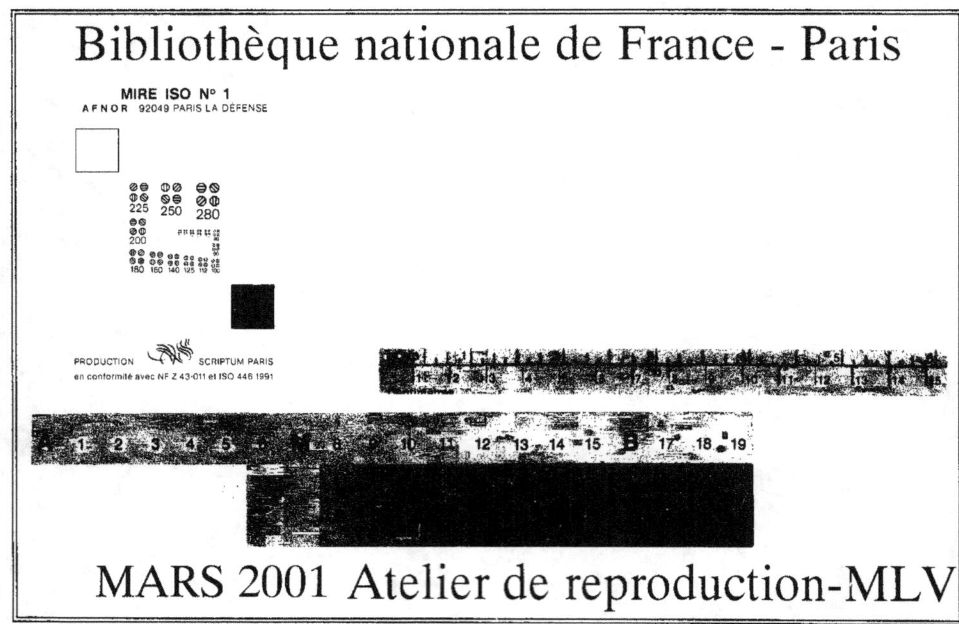

MARS 2001 Atelier de reproduction-MLV

www.ingramcontent.com/pod-product-compliance
Lightning Source LLC
LaVergne TN
LVHW021523170726
843501LV00004B/932